# Wörterbuch

**für die Grundschule · mit Französischteil**

jandorf verlag
jan debbrecht
peter wachendorf

Sarah Kuhn

# Wörterbuch für die Grundschule

Mit Französischteil



1. Auflage, Druck 2015



Autoren: Peter Wachendorf, Jan Debbrecht
Illustrationen: Philipp Dietel,
Achim Schulte („Wörterbuchhund“)
Verlag: jandorfverlag
Peter Wachendorf & Jan Debbrecht GbR
Bonnstraße 138 • 50321 Brühl
Tel. 02232 501040 • Fax 02232 5010444
Druck: Media Cologne, Hürth
ISBN: 978-3-939965-69-5
Bestellnummer: 1081
Innenteil: Recyclingpapier aus 100 % Altpapier,
ausgezeichnet mit dem blauen Engel

# Inhalt

# Hinweise

- Die Wörter sind nach dem ABC geordnet.

C
D
E
F

- Die hervorgehobenen Buchstaben am Seitenrand helfen bei der Wörtersuche.

- Die Wortarten haben verschiedene Farben:
  Namenwörter (Nomen) sind blau.
  Tunwörter (Verben) sind rot.
  Wiewörter (Adjektive) sind grün.
  Die anderen Wortarten sind schwarz.

- Vor den Namenwörtern (Nomen) steht der Begleiter (der, die, das). Einzahl und Mehrzahl stehen untereinander.

- Tunwörter (Verben) und Wiewörter (Adjektive) können verschiedene Formen haben. Schwierige Formen werden zusätzlich zur Grundform angegeben.

sprechen
er spricht

arm, ärmer

# Wörterverzeichnis 1

(ab Klasse 2)

# A

ab
der Abend
die Abende
abends
aber
acht
der Affe
die Affen
alle
allein
alles
als
also
alt, älter
am
die Ameise
die Ameisen
die Ampel
die Ampeln
an
andere
anders
der Anfang
die Anfänge
anfangen
die Angst
die Ängste
anrufen
die Antwort
die Antworten
antworten
anziehen
der Apfel
die Äpfel

der April
die Arbeit
die Arbeiten
arbeiten
arm, ärmer
der Arm
die Arme
der Arzt
die Ärzte
der Ast
die Äste
auch
auf
die Aufgabe
die Aufgaben
das Auge
die Augen
der August
aus
das Auto
die Autos

# B

das Baby
die Babys
der Bach
die Bäche
backen
der Bäcker
die Bäcker
baden
der Bagger
die Bagger
der Ball

A B C D E F G H I J K L M N O P Q R S T U V W X Y Z

die Bälle
die Banane
die Bananen
die Bank
die Bänke
der Bär
die Bären
basteln
sie bastelt
der Bauch
die Bäuche
bauen
der Baum
die Bäume
bei
beide
das Bein
die Beine

bekommen
bellen
der Berg
die Berge
besonders
besser
der Besuch
die Besuche
das Bett
die Betten
bewegen
bezahlen
die Biene
die Bienen
das Bild
die Bilder
ich bin
die Birne

die Birnen
bis
du bist
bitten
das Blatt
die Blätter
blau
bleiben
der Blitz
die Blitze
blühen
die Blume
die Blumen
die Blüte
die Blüten
bluten
der Boden
die Böden

das Boot
die Boote
böse
brauchen
braun
brennen
der Brief
die Briefe
die Brille
die Brillen
bringen
das Brot
die Brote
das Brötchen
die Brötchen
der Bruder
die Brüder
das Buch

die Bücher
bunt
der Bus
die Busse
der Busch
die Büsche
die Butter

# C

der Cent
die Cent
der Christ
die Christen
der Christbaum
die Christbäume
der Clown
die Clowns
der Computer
die Computer

# D

da
dabei
das Dach
die Dächer
dafür
damit
danken
dann
daran
darum
das
davon
dazu
dein
dem
den
denken
denn
der
deutsch
der Dezember
dich
dick
die
der Dienstag
die Dienstage
diese
dieser
der Dinosaurier
die Dinosaurier
dir
doch
der Donnerstag
die Donnerstage

das Dorf
die Dörfer
dort
die Dose
die Dosen
draußen
drei
drücken
du
dumm
dümmer
dunkel
dunkler
dünn
durch
dürfen, er darf
der Durst
durstig

# E

die Ecke
die Ecken
das Ei
die Eier
eilig
der Eimer
die Eimer
ein
eine
einer
eines
einfach
einige
einmal
eins
das Eis

der Elefant
die Elefanten
elf
die Eltern
das Ende
die Enden
endlich
eng
die Ente
die Enten
er
die Erde
erklären
erlauben
erzählen
es
der Esel
die Esel

essen, sie isst
das Essen
die Essen
etwa
etwas
euch
euer
die Eule
die Eulen
eure
der Euro
die Euro
ewig

# F

fahren
er fährt
fallen, sie fällt
falsch
die Familie
die Familien
fangen
er fängt
der Februar
fehlen
der Fehler
die Fehler
feiern
fein
das Feld
die Felder

das Fenster
die Fenster
die Ferien
fertig
das Fest
die Feste
das Feuer
die Feuer
finden
der Finger
die Finger
der Fisch
die Fische
die Flasche
die Flaschen
fleißig
die Fliege
die Fliegen

fliegen
der Flügel
die Flügel
flüssig
fragen
die Frau
die Frauen
frech
frei
der Freitag
die Freitage
fremd
der Fremde
die Fremden
die Freude
die Freuden
freuen
der Freund

die Freunde
die Freundin
die Freundinnen
frieren
frisch
die Frucht
die Früchte
der Frühling
füllen
der Füller
die Füller
fünf
für
der Fuß
die Füße

# G

die Gabel
die Gabeln
ganz
der Garten
die Gärten
geben, sie gibt
der Geburtstag
die Geburtstage
gefährlich
gegen
gehen
gelb
gelbe Farbe
das Geld
die Gelder
das Gemüse

genau
genug
gerade
gern
das Geschenk
die Geschenke
das Gesicht
die Gesichter
gestern
gesund
gesunde Kinder
gesünder
gießen
die Giraffe
die Giraffen
das Glas
die Gläser
glatt

glauben
gleich
das Glück
graben
sie gräbt
das Gras
die Gräser
groß, größer
grün
der Grund
die Gründe
die Gruppe
die Gruppen
gut

# H

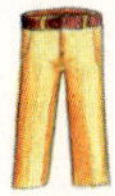

das Haar
die Haare
haben, er hat
der Hals
die Hälse
halten, sie hält
die Hand
die Hände
hart, härter
der Hase
die Hasen
das Haus
die Häuser
die Haut
die Häute
heben

A B C D E F G H I J K L M N O P Q R S T U V W X Y Z

die Hecke
die Hecken
das Heft
die Hefte
heiß
heißen
helfen, er hilft
hell
das Hemd
die Hemden
her
der Herbst
der Herr
die Herren
das Herz
die Herzen
heute
die Hexe

die Hexen
hier
die Hilfe
der Himmel
hin
hinauf
hinten
hinter
hoch, höher
hoffen
hoffentlich
holen
hören
die Hose
die Hosen
der Hund
die Hunde
hundert

# I

ich

der Igel

die Igel

ihm

ihn

ihnen

ihr

ihre

im

immer

in

der Indianer

die Indianer

ins

ist (es ist schön)

# J

ja

das Jahr

die Jahre

der Januar

jede

jeder

jedes

jemand

jetzt

das Jo-Jo

die Jo-Jos

der Juli

jung, jünger

der Junge

die Jungen

der Juni

# K 

der Käfer
die Käfer
der Kalender
die Kalender
kalt, kälter
die Kälte
das Kamel
die Kamele
kaputt
der Käse
die Katze
die Katzen
kaufen
kein
keine
keiner

kennen
das Kind
die Kinder
klar
die Klasse
die Klassen
kleben
das Kleid
die Kleider
klein
klingen
klug, klüger
der Knochen
die Knochen
kochen
der Koffer
die Koffer
kommen

der König
die Könige
die Königin
die Königinnen
können, er kann
der Kopf
die Köpfe
der Körper
die Körper
kosten
krank
kränker
das Kraut
die Kräuter
kriegen
die Küche
die Küchen
der Kuchen
die Kuchen
die Kuh
die Kühe
kurz, kürzer

# L

lachen
die Lampe
die Lampen
das Land
die Länder
lang, länger
langsam
lassen
er lässt
das Laub

A B C D E F G H I J K L M N O P Q R S T U V W X Y Z

laufen
sie läuft
laut
leben
das Leben
die Leben
leer
legen
der Lehrer
die Lehrer
die Lehrerin
die Lehrerinnen
leicht
leise
lernen
lesen, sie liest
die Leute
das Lexikon
die Lexika
das Licht
die Lichter
lieb
lieben
das Lied
die Lieder
liegen
links
das Loch
die Löcher
der Löffel
die Löffel
der Löwe
die Löwen
die Luft
die Lüfte
lustig

# M

machen
das Mädchen
die Mädchen
der Mai
malen
die Mama
die Mamas
man
manchmal
der Mann
die Männer
der März
die Maus
die Mäuse
mehr
mein

meine
meiner
der Mensch
die Menschen
das Messer
die Messer
mich
die Milch
die Minute
die Minuten
mir
mit
der Mittag
die Mittage
die Mitte
der Mittwoch
die Mittwoche
mögen, er mag

der Monat
die Monate
der Montag
die Montage
morgen
der Morgen
müde
der Müll
der Mund
die Münder
die Musik
er muss
müssen
der Mut
mutig
die Mutter
die Mütter

# N 

nach
der Nachmittag
die Nachmittage
nächste
die Nacht
die Nächte
der Nagel
die Nägel
nah, näher
der Name
die Namen
die Nase
die Nasen
nass
natürlich
der Nebel

die Nebel
neben
nehmen
nein
das Nest
die Nester
neu
neun
nicht
nichts
nie
niemand
er nimmt
noch
die Not
die Nöte
der November
die Nudel
die Nudeln
nun
nur

# O

ob
oben
das Obst
obwohl
oder
der Ofen
die Öfen
offen
oft
ohne
das Ohr

die Ohren
der Oktober
die Oma
die Omas
der Onkel
die Onkel
der Opa
die Opas
der Ordner
die Ordner
der Ort
die Orte
Ostern

# P

packen
das Paket
die Pakete
der Papa
die Papas
das Papier
die Papiere
die Pappe
die Pappen
die Pause
die Pausen
das Pferd
die Pferde
die Pflanze
die Pflanzen
pflanzen

pflegen
der Pilz
die Pilze
die Pizza
die Pizzas
der Platz
die Plätze
plötzlich
die Polizei
die Pommes
die Post
der Preis
die Preise
die Puppe
die Puppen
putzen

# Qu 

das Quadrat
die Quadrate
quaken
die Qualle
die Quallen
der Quark
der Quatsch
quer

A B C D E F G H I J K L M N O P Q R S T U V W X Y Z

# R

das Rad
die Räder
raten, sie rät
der Raum
die Räume
die Raupe
die Raupen
rechnen
rechts
reden
der Regen
regnen
reich
die Reise
die Reisen
reisen
rennen
richtig
riechen
der Ring
die Ringe
der Rock
die Röcke
rollen
der Roller
die Roller
rot, röter
der Rücken
die Rücken
rufen
rund
die Rutsche
die Rutschen
rutschen

# S

die Sache
die Sachen
der Saft
die Säfte
sagen
das Salz
die Salze
der Samstag
die Samstage
der Sand
sandig
der Satz
die Sätze
sauber
scharf
schärfer

schauen
scheinen
schenken
die Schere
die Scheren
schief
das Schiff
die Schiffe
schlafen
er schläft
schlagen
sie schlägt
schlau
schlecht
der Schlüssel
die Schlüssel
der Schmetterling
die Schmetterlinge

schmutzig
der Schnee
schneiden
schnell
die Schokolade
schon
schön
schreiben
schreien
die Schrift
die Schriften
der Schuh
die Schuhe
die Schule
die Schulen
schwarz
schwärzer
die Schwester

die Schwestern
schwimmen
sechs
sehen, er sieht
sehr
die Seife
die Seifen
sein
seine
seiner
seit
die Seite
die Seiten
die Sekunde
die Sekunden
der September
sich
sie

sieben
singen
sitzen
so
der Sohn
die Söhne
sollen, sie soll
der Sommer
die Sommer
die Sonne
die Sonnen
der Sonntag
die Sonntage
sonst
die Spaghetti
sparen
spät
spielen

die Spinne
die Spinnen
spitz
der Sport
sprechen
er spricht
springen
die Stadt
die Städte
die Stange
die Stangen
der Stängel
die Stängel
stark, stärker
stehen
der Stein
die Steine
stellen

der Stift
die Stifte
still
die Stirn
die Stirnen
der Strauch
die Sträucher
der Stuhl
die Stühle
die Stunde
die Stunden
suchen
süß

# T

die Tafel
die Tafeln
der Tag
die Tage
die Tante
die Tanten
die Tasche
die Taschen
die Tasse
die Tassen
tauchen
der Teddy
die Teddys
der Tee
die Tees
das Telefon

die Telefone
der Teller
die Teller
die Temperatur
die Temperaturen
teuer, teurer
der Text
die Texte
das Thermometer
die Thermometer
tief
das Tier
die Tiere
der Tisch
die Tische
die Tochter
die Töchter
der Topf
die Töpfe
das Tor
die Tore
tragen
sie trägt
der Traum
die Träume
traurig
trinken
trocken
tun, sie tut
die Tür
die Türen
turnen
die Tüte
die Tüten

# U

üben
über
die Übung
die Übungen
das Ufer
die Ufer
das Ufo
die Ufos
die Uhr
die Uhren
um
und
der Unfall
die Unfälle
uns
unser
unsere
unten
unter
der Urlaub
die Urlaube

# V

der Vater
die Väter
vergessen
sie vergisst
verkaufen
der Verkehr
verstehen
versuchen
viel

vielleicht
vier
der Vogel
die Vögel
voll
vom
von
vor
vorne
vorsichtig

# W

der Wagen
die Wagen
der Wald
die Wälder
wann
warm, wärmer
die Wärme
warten
warum
was
waschen
er wäscht
das Wasser
der Weg
die Wege
Weihnachten

A B C D E F G H I J K L M N O P Q R S T U V W X Y Z

weil
weinen
weiß
weit
welche
welcher
wem
wen
wenig
wenn
wer
werden, er wird
werfen, er wirft
das Wetter
wie
wieder
die Wiese
die Wiesen

der Wind
die Winde
der Winter
die Winter
wir
wissen, er weiß
wo
die Woche
die Wochen
wohnen
die Wolke
die Wolken
wollen, sie will
das Wort
die Wörter
wünschen
die Wurzel
die Wurzeln

# Z

die Zahl
die Zahlen
zählen
der Zahn
die Zähne
das Zebra
die Zebras
die Zehe
die Zehen
zehn
zeigen
die Zeit
die Zeiten
das Zimmer
die Zimmer
der Zoo
die Zoos
zu
der Zucker
zuerst
der Zug
die Züge
zum
zur
zusammen
zwei
der Zweig
die Zweige
die Zwiebel
die Zwiebeln
zwischen
zwölf

A B C D E F G H I J K L M N O P Q R S T U V W X Y Z

# Hinweise

- Die Wörter sind nach dem ABC geordnet.

- Die Buchstaben
ä, ö, ü, ß und äu sind unter
a, o, u, ss und au eingeordnet.

C
D
E
F

- Die hervorgehobenen Buchstaben am Seitenrand helfen bei der Wörtersuche.

- Silbentrennstriche zeigen,
wie ein Wort getrennt werden kann.

Sil|ben|trenn|stri|che

Manche Wörter können unterschiedlich getrennt werden. Andere Trennmöglichkeiten werden durch orangefarbene Trennstriche markiert.

durch|ei|n|an|der

- Verwandte Wörter sind grau gedruckt.

acht, achtzehn, achtzig, um acht, der Achte, achtmal

- Vor Nomen (Namenwörter) steht der Artikel (Begleiter). Übliche Mehrzahlformen (Plural) werden angegeben.

  der Ab|hang, die Abhänge

- Adjektive (Wiewörter) können gesteigert werden. Schwierige Steigerungsformen von Adjektiven werden angegeben.

  warm, wärmer, am wärmsten

- Verben (Tunwörter) werden in der Grundform und in einer Gegenwartsform (3. Person Einzahl) angegeben.

  ma|len, er malt

  Bei unregelmäßigen Verben (Tunwörter) werden drei Zeitformen angegeben.

  lau|fen, sie läuft, ich lief, er ist gelaufen

# Hinweise

- Manche Wörter können unterschiedlich geschrieben werden.
  Andere verwendbare Schreibweisen, Abkürzungen oder Artikel stehen in eckigen Klammern.

  strub|be|lig [strubblig]

  der Ki|lo|me|ter [km], die Kilometer

  der [das] Lap|top

- Pfeile verweisen auf:
  verwandte Verben (Tunwörter),

  ab|schi|cken → schicken

  verwandte unregelmäßige Verben (kursiv) und

  ab|stei|gen → *steigen*

  gleich klingende Wörter, die aber unterschiedlich geschrieben werden.

  die Sai|te (beim Musikinstrument), die Saiten,
  Vergleich: → Seite

# Wörterverzeichnis 2

(ab Klasse 3)

# A

der **Aal**, die Aale
das **Aas**
**ab**, ab und zu
**abbeißen** → *beißen*
**abbiegen** → *biegen*
die **Abbildung**, die Abbildungen, abbilden
**abbrechen** → *brechen*, der Abbruch
**abbremsen**, er bremst ab
das **ABC**
der **Abend**, die Abende, am Abend, eines Abends, heute Abend, abends, das Abendessen
das **Abenteuer**, die Abenteuer, abenteuerlich
**aber**
der **Aberglaube**, abergläubisch
**abermals**
**abfahren** → *fahren*, die Abfahrt
der **Abfall**, die Abfälle
**abfliegen** → *fliegen*
**abfließen** → *fließen*, der Abfluss
das **Abgas**, die Abgase
**abgeben** → *geben*
der **Abgeordnete**, die Abgeordneten, die Abgeordnete
**abgewöhnen** → gewöhnen
der **Abgrund**, die Abgründe
**abgucken** → gucken
der **Abhang**, die Abhänge
**abhängig**
**abhauen** → hauen
**abholen** → holen, die Abholung
das **Abitur**
**abkürzen** → kürzen, die Abkürzung
**ablegen** → legen, der Ableger
**ablehnen** → lehnen, die Ablehnung
**ablenken** → lenken, die Ablenkung

**ab|ma|chen**
→ machen,
die Abmachung
**ab|mel|den** → melden,
die Abmeldung
**ab|neh|men**
→ *nehmen*,
die Abnahme
das **Abo** (das Abonnement),
die Abos,
abonnieren
**ab|rech|nen**
→ rechnen,
die Abrechnung
**ab|rei|sen** → reisen,
die Abreise
**ab|rei|ßen** → *reißen*,
der Abriss
der **Ab|satz**, die Absätze
**ab|schal|ten**
→ schalten
**ab|schi|cken**
→ schicken
der **Ab|schied**,
die Abschiede
**ab|schlep|pen**
→ schleppen
**ab|schlie|ßen**
→ *schließen*,
der Abschluss

**ab|schnei|den**
→ *schneiden*,
der Abschnitt
**ab|schrei|ben**
→ *schreiben*,
die Abschrift
**ab|seits**,
sie steht abseits,
im Abseits stehen
**ab|sen|den** → *senden*
die **Ab|sen|de|rin**,
die Absender,
der Absender
die **Ab|sicht**,
die Absichten,
absichtlich
**ab|so|lut**
**ab|spü|len** → spülen
**ab|stam|men**,
es stammt ab,
die Abstammung
der **Ab|stand**,
die Abstände
**ab|stei|gen** → *steigen*,
der Abstieg
**ab|stel|len** → stellen
**ab|stim|men**, er stimmt
ab, die Abstimmung
der **Ab|sturz**, die Abstürze
**ab|stür|zen** → stürzen

A
B
C
D
E
F
G
H
I
J
K
L
M
N
O
P
Q
R
S
T
U
V
W
X
Y
Z

das **Ab|teil**, die Abteile
die **Ab|tei|lung**, die Abteilungen
**ab|trock|nen** → trocknen
**ab|war|ten** → warten
**ab|wärts**
der **Ab|wasch**, abwaschen, abwaschbar
das **Ab|was|ser**, die Abwässer
**ab|wech|seln** → wechseln, die Abwechslung, abwechselnd
**ab|weh|ren** → wehren, die Abwehr
**ab|zäh|len** → zählen
das **Ab|zei|chen**, die Abzeichen
die **Ab|zwei|gung**, die Abzweigungen
**ach**
die **Ach|se**, die Achsen
die **Ach|sel**, die Achseln
**acht**, achtzehn, achtzig, um acht, der Achte, achtmal
**ach|ten**, sie achtet, achtgeben, achtlos, gib acht!, die Achtung
der **Acker**, die Äcker
die **Ac|tion** (spannende Handlung), der Actionfilm, Vergleich: → Aktion
**ad|die|ren**, sie addiert, die Addition
die **Ader**, die Adern
das **Ad|jek|tiv** (Wiewort), die Adjektive
der **Ad|ler**, die Adler
**ad|op|tie|ren**, er adoptiert, die Adoption
die **Ad|res|se**, die Adressen, adressieren
der **Ad|vent**
der **Af|fe**, die Affen, affig
**Af|ri|ka**, die Afrikaner, afrikanisch
die **AG** (Arbeitsgemeinschaft), die AGs
der **Agent**, die Agenten, die Agentin
**ag|gres|siv**, die Aggression
**ah|nen**, er ahnt, die Ahnung, ahnungslos

ähnlich,
die Ähnlichkeit
der Ahorn, die Ahorne
die Ähre, die Ähren,
die Getreideähre,
Vergleich: → Ehre
das Aids (Krankheit)
der Airbag, die Airbags
das Akkordeon,
die Akkordeons
der Akku, die Akkus
der Akkusativ (4. Fall,
Wen-oder-was-Fall)
die Akrobatin,
die Akrobaten, der
Akrobat, akrobatisch
die Akte, die Akten
die Aktie, die Aktien
die Aktion (Handlung),
die Aktionen,
Vergleich: → Action
aktiv, die Aktivität
aktuell
akut
der Alarm, die Alarme,
alarmieren
Albanien, die
Albaner, albanisch
albern, die Albernheit
der Albtraum [Alptraum],
die Albträume
das Album, die Alben
die Alge, die Algen
der Alkohol, alkoholfrei,
alkoholisch
all, alle, alles
das All (Weltall)
Allah
die Allee, die Alleen
allein, alleine
allerdings
die Allergie, die
Allergien, allergisch
allerhand
Allerheiligen
allerlei
allgemein,
im Allgemeinen
allmählich
der Alltag, alltäglich
allzu
die Alm, die Almen
die Alpen
das Alphabet (Abc),
alphabetisch
als
also
alt, älter, am ältesten,
das Alter
der Altar, die Altäre

A B C D E F G H I J K L M N O P Q R S T U V W X Y Z

die **Alternative**, die Alternativen
das **Aluminium**, die Alufolie
**am** (an dem)
der **Amateur**, die Amateure, die Amateurin
die **Ameise**, die Ameisen
**Amerika**, die Amerikaner, amerikanisch
die **Ampel**, die Ampeln
die **Amsel**, die Amseln
**Amsterdam** (Hauptstadt der Niederlande)
das **Amt**, die Ämter, amtlich
**amüsieren**, sie amüsiert sich
**an**
die **Ananas**, die Ananas [Ananasse]
der **Anbau**, anbauen
**anbieten** → *bieten*
**anbinden** → *binden*
der **Anblick**, anblicken
**anbrennen** → *brennen*
**anbrüllen** → brüllen
die **Andacht**, die Andachten, andächtig
**andauernd**
das **Andenken**, die Andenken
**andere**, ein anderer, etwas anderes
**ändern**, er ändert, die Änderung
**anders**
der **Andrang**
**aneinander**
**anerkennen**, sie erkennt an, die Anerkennung
der **Anfall**, die Anfälle, anfällig
der **Anfang**, die Anfänge, der Anfänger, anfangs
**anfangen** → *fangen*
**anfassen** → fassen
**anfeuern** → feuern
**anfordern** → fordern, die Anforderung
**anführen** → führen, die Anführerin
**angeben** → *geben*, der Angeber,

die Angabe
angeblich
das Angebot, die Angebote
der Angehörige, die Angehörigen, die Angehörige
die Angeklagte, die Angeklagten, der Angeklagte
die Angel, die Angeln, die Anglerin, angeln
die Angelegenheit, die Angelegenheiten
angenehm
der Angestellte, die Angestellten, die Angestellte
angewöhnen → gewöhnen, die Angewohnheit
angreifen → *greifen*
der Angriff, die Angriffe
die Angst, die Ängste, ängstlich, ängstigen
angucken → gucken
anhalten → *halten*
der Anhänger, die Anhänger
Ankara (Hauptstadt der Türkei)
der Anker, die Anker, ankern
anklagen → klagen
anklicken, er klickt an
ankommen → *kommen*, die Ankunft
ankreuzen → kreuzen
die Anlage, die Anlagen
der Anlass, die Anlässe, anlässlich
der Anlauf, die Anläufe, anlaufen
anlehnen, sie lehnt sich an
die Anleitung, die Anleitungen, anleiten
anmalen → malen
anmelden → melden, die Anmeldung
die Annahme, annehmen
die Annonce (Anzeige), die Annoncen
der Anorak, die Anoraks
die Anrede, anreden
der Anruf, die Anrufe
anrufen → *rufen*
ans (an das)

A B C D E F G H I J K L M N O P Q R S T U V W X Y Z

die **An|sa|ge**, die Ansagen, ansagen

**an|schau|en** → schauen, anschaulich, die Anschauung

**an|schei|nend**, der Anschein

**an|schlie|ßen** → *schließen*, der Anschluss

**an|schlie|ßend**

**an|schnal|len**, er schnallt sich an

die **An|schrift**, die Anschriften

**an|se|hen** → *sehen*, ansehnlich

die **An|sicht**, die Ansichten

**an|spre|chen** → *sprechen*, die Ansprache

der **An|spruch**, die Ansprüche

**an|stän|dig**, der Anstand

**an|statt**

**an|ste|cken** → stecken, die Ansteckung, ansteckend

**an|stel|len** → stellen, die Anstellung

der **An|stoß**, die Anstöße, anstoßen

**an|stren|gen**, sie strengt sich an, anstrengend, die Anstrengung

die **Ant|ark|tis** (Südpol), antarktisch

der **An|teil**, die Anteile

die **An|ten|ne**, die Antennen

**an|tik**

die **An|ti|qui|tät**, die Antiquitäten

der **An|trag**, die Anträge

die **Ant|wort**, die Antworten

**ant|wor|ten**, er antwortet

der **An|walt**, die Anwälte, die Anwältin

**an|wei|sen** → *weisen*, die Anweisung

**an|wen|den** → wenden, die Anwendung

anwesend, die Anwesenheit
die Anzahl, anzahlen, die Anzahlung
die Anzeige, die Anzeigen, anzeigen
anziehen → *ziehen*
der Anzug, die Anzüge
anzünden → zünden
das Apartment, die Apartments
der Apfel, die Äpfel
die Apfelsine, die Apfelsinen
die Apotheke, die Apotheken, der Apotheker
der Apparat, die Apparate
der Appetit, appetitlich
der Applaus, applaudieren
die Aprikose, die Aprikosen
der April
das Aquarium, die Aquarien
der Äquator
Arabien, die Araber, arabisch
die Arbeit, die Arbeiten, die Arbeiterin
arbeiten, er arbeitet, arbeitslos
der Architekt, die Architekten, die Architektin
der Ärger, das Ärgernis, ärgerlich
ärgern, sie ärgert
das Argument, die Argumente
die Arktis (Nordpol), arktisch
arm, ärmer, am ärmsten, die Armut, ärmlich, armselig
der Arm, die Arme
der Ärmel, die Ärmel
das Aroma, die Aromen, aromatisch
die Art, die Arten
artig (brav)
der Artikel, die Artikel
der Artist, die Artisten, die Artistin
die Ärztin, die Ärzte, der Arzt, ärztlich
die Asche, die Aschen
Asien, die Asiaten, asiatisch

der **Asphalt**, asphaltieren
das **Ass**, die Asse
der **Assistent**, die Assistenten, die Assistentin
der **Ast**, die Äste
das **Asthma**, die Asthmatikerin
der **Astronaut**, die Astronauten, die Astronautin
das **Asyl**
das **Atelier** (Künstlerwerkstatt), die Ateliers
der **Atem**, atemlos
**Athen** (Hauptstadt von Griechenland)
die **Athletin**, die Athleten, der Athlet, athletisch
der **Atlantik**, der Atlantische Ozean
der **Atlas**, die Atlasse [die Atlanten]
**atmen**, sie atmet, die Atmung
die **Atmosphäre**
das **Atom**, die Atome
das **Attentat**, die Attentate
das **Attest**, die Atteste
die **Attraktion**, die Attraktionen, attraktiv
**ätzen**, ätzend
**auch**
**auf**, auf einmal
**aufbauen** → bauen
**aufbrechen** → *brechen*
**aufeinander**
der **Aufenthalt**, die Aufenthalte
**auffällig**, auffallen
**auffassen** → fassen, die Auffassung
**auffordern** → fordern, die Aufforderung
**aufführen** → führen, die Aufführung
die **Aufgabe**, die Aufgaben
der **Aufgang**, die Aufgänge
**aufgeben** → *geben*
**aufgehen** → *gehen*
**aufgeregt**
**aufhalten** → *halten*
**aufhängen** → hängen, der Aufhänger
**aufheben** → *heben*
**aufhören** → hören

**aufkleben** → kleben, der Aufkleber
**aufladen** → *laden*
**auflegen** → legen, die Auflage
**aufmachen** → machen
**aufmerksam**, die Aufmerksamkeit
die **Aufnahme**, die Aufnahmen, aufnehmen
**aufpassen** → passen, der Aufpasser
**aufräumen**, sie räumt auf, aufgeräumt
**aufrecht**
**aufregen** → regen, die Aufregung
**aufrichtig**
der **Aufsatz**, die Aufsätze
**aufschieben** → *schieben*, der Aufschub
der **Aufschnitt**, aufschneiden
**aufschreiben** → *schreiben*
die **Aufsicht**, die Aufsichten
**aufstehen** → *stehen*
**aufstellen** → stellen, die Aufstellung
der **Auftrag**, die Aufträge
**auftreten** → *treten*, der Auftritt
**aufwachen**, sie wacht auf
der **Aufwand**, aufwändig [aufwendig]
**aufwärts**
**aufwecken**, er weckt auf
**aufwenden** → wenden
der **Aufzug**, die Aufzüge
das **Auge**, die Augen, das Augenlid
der **Augenblick**, die Augenblicke, augenblicklich
der **August**
**aus**
**ausbessern**, sie bessert aus
**ausbilden** → bilden die Ausbildung, die Auszubildende
der **Ausblick**, die Ausblicke

die **Ausdauer**, ausdauernd
**ausdehnen** → dehnen, die Ausdehnung
der **Ausdruck**, die Ausdrücke, ausdrücklich, ausdrücken
**auseinander**
die **Ausfahrt**
der **Ausflug**, die Ausflüge
**ausführlich**
die **Ausgabe**, die Ausgaben
der **Ausgang**, die Ausgänge
**ausgeben** → *geben*
**ausgefallen**
**ausgehen** → *gehen*
**ausgerechnet**
**ausgezeichnet**, die Auszeichnung
**ausgiebig** (reichlich)
**ausgießen** → *gießen*
der **Ausgleich**, ausgleichen
der **Ausguss**, die Ausgüsse
die **Auskunft**, die Auskünfte
das **Ausland**, ausländisch, die Ausländer
**ausleihen** → *leihen*
die **Ausnahme**, die Ausnahmen, ausnahmsweise
**auspacken** → packen
**ausprobieren** → probieren
der **Auspuff**, die Auspuffe
**ausrechnen** → rechnen
die **Ausrede**, die Ausreden
**ausreichen**, es reicht aus, ausreichend
**ausreißen** → *reißen*, der Ausreißer
**ausrufen** → *rufen*, der Ausruf, das Ausrufezeichen
**ausruhen** → ruhen
die **Aussage**, die Aussagen, aussagen
**ausschlafen** → *schlafen*
**ausschneiden** → *schneiden*
**ausschließen**

→ *schließen*
aus|se|hen → *sehen*
au|ßen
au|ßer,
außer Acht lassen
au|ßer|dem
au|ßer|halb
äu|ßer|lich
äu|ßern, er äußert,
die Äußerung
au|ßer|or|dent|lich
die Aus|sicht,
die Aussichten
aus|sichts|los
der Aus|sied|ler,
die Aussiedler,
die Aussiedlerin
die Aus|spr|ache,
aussprechen,
der Ausspruch
die Aus|stat|tung,
ausstatten
aus|stei|gen → *steigen*
aus|stel|len → stellen,
die Ausstellung
aus|stop|fen → stopfen
aus|su|chen → suchen
Aus|t|ra|li|en,
die Australier,
australisch

aus|wäh|len → wählen,
die Auswahl
aus|wan|dern
→ wandern,
die Auswanderin
aus|wärts
der Aus|weg,
die Auswege,
ausweglos
der Aus|weis,
die Ausweise,
sich ausweisen
aus|wen|dig
die Aus|zeich|nung,
die Auszeichnungen,
auszeichnen,
ausgezeichnet
aus|zie|hen → *ziehen*
das Au|to, die Autos, Auto
fahren, die Autobahn
das Au|to|gramm,
die Autogramme
der Au|to|mat,
die Automaten
au|to|ma|tisch
die Au|to|rin, die Autoren,
der Autor
die Axt, die Äxte

A B C D E F G H I J K L M N O P Q R S T U V W X Y Z

# B

das **Baby**, die Babys, der Babysitter
der **Bach**, die Bäche
die **Backe**, die Backen
**backen**, er backt [bäckt], ich backte [buk], sie hat gebacken, der Bäcker, die Bäckerei
das **Bad**, die Bäder, die Badewanne
**baden**, er badet
**Baden-Württemberg**, baden-württembergisch
der **Bagger**, die Bagger, baggern
das [die] **Baguette** (Stangenweißbrot), die Baguettes
die **Bahn**, die Bahnen, der Bahnhof, der Bahnsteig
die **Bahre**, die Bahren
die **Bakterie**, die Bakterien
**balancieren**, sie balanciert, die Balance
**bald**, möglichst bald, baldigst
sich **balgen**, die Balgerei
der **Balken**, die Balken
der **Balkon**, die Balkons [Balkone]
der **Ball**, die Bälle, sie spielt Ball
das **Ballett**, die Ballette
der **Ballon**, die Ballons [Ballone]
die **Banane**, die Bananen
das **Band**, die Bänder, das Stirnband
der **Band** (Buch), die Bände
die **Band** (Musikgruppe), die Bands
**bandagieren**, er bandagiert, die Bandage
die **Bande**, die Banden
**bändigen**, sie bändigt
der **Bandit**, die Banditen
**bange**, ihm ist bange
die **Bank** (Sitzbank), die Bänke
die **Bank** (Geldbank), die Banken

bar, bar bezahlen, das Bargeld
der Bär, die Bären
die Baracke, die Baracken
barfuß, barfuß gehen
barmherzig, die Barmherzigkeit
das Barometer, die Barometer
der Barren, die Barren
der Bart, die Bärte, bärtig, der Schnurrbart
der Basar [Bazar], die Basare, der Weihnachtsbasar
die Base, die Basen
der Basketball, die Basketbälle, Basketball spielen
der Bass, die Bässe, der Kontrabass
der Bast, die Baste
basteln, sie bastelt, die Bastelei
die [der] Batik, die Batiken, batiken
die Batterie, die Batterien
der Bau, die Bauten
der Bauch, die Bäuche, das Bauchweh
bauen, sie baut
der Bauer (Landwirt), die Bauern, die Bäuerin
das [der] Bauer (Vogelkäfig), die Bauer
der Baum, die Bäume
baumeln, es baumelt
Bayern, die Bayern, bayerisch [bayrisch]
der Bazillus (Krankheitserreger), die Bazillen
beachten → achten, beachtlich
der Beamte, die Beamten, die Beamtin
beantragen, er beantragt
beantworten → antworten
beaufsichtigen, er beaufsichtigt
beben, es bebt, das Erdbeben
der Becher, die Becher
das Becken, die Becken
bedächtig
sich bedanken, sie bedankt sich
der Bedarf, die Bedarfe

A B C D E F G H I J K L M N O P Q R S T U V W X Y Z

**be|dau|ern**, er bedauert, bedauerlich
**be|de|cken**, sie bedeckt
**be|den|ken** → *denken*, die Bedenken
**be|deu|ten**, es bedeutet, bedeutend, die Bedeutung
**be|die|nen**, er bedient, die Bedienung
die **Be|din|gung**, die Bedingungen
**be|dro|hen**, er bedroht, bedrohlich, die Bedrohung
das **Be|dürf|nis**, die Bedürfnisse, bedürftig
sich **be|ei|len**, er beeilt sich
**be|ein|dru|cken**, sie beeindruckt, beeindruckend
**be|ein|flus|sen**, er beeinflusst, die Beeinflussung
**be|en|den**, sie beendet, beendigen
**be|er|di|gen**, er beerdigt, die Beerdigung
die **Bee|re**, die Beeren
das **Beet**, die Beete
**be|feh|len**, sie befiehlt, der Befehl
**be|fes|ti|gen**, er befestigt, die Befestigung
**be|fin|den** → *finden*
**be|frei|en**, er befreit, die Befreiung
**be|frie|di|gend**, die Befriedigung
**be|fruch|ten**, er befruchtet, die Befruchtung
**be|fürch|ten** → fürchten, die Befürchtung
**be|gabt**, die Begabung
sich **be|ge|ben** → *geben*
**be|geg|nen**, sie begegnet, die Begegnung
**be|geis|tern**, sie begeistert, die Begeisterung
**be|gie|rig**, die Begierde

begießen → *gießen*
der Beginn
beginnen, er beginnt, ich begann, sie hat begonnen
begleiten, sie begleitet, die Begleitung
beglückwünschen → wünschen
begraben → *graben*
das Begräbnis, die Begräbnisse
begreifen → *greifen*, der Begriff
begründen → gründen, die Begründung
begrüßen → grüßen, die Begrüßung
behaglich
behalten → *halten*, der Behälter
behandeln, → handeln, die Behandlung
beharrlich
behaupten, er behauptet, die Behauptung
beheben → *heben*
beherrschen → herrschen
beherzt
behilflich
behindern, sie behindert
behindert, die Behinderten, die Behinderung
die Behörde, die Behörden
behüten → hüten
behutsam
bei
beichten, sie beichtet, die Beichte
beide
beieinander
der Beifahrer, die Beifahrer, die Beifahrerin
der Beifall
beige (sandfarben)
das Beil, die Beile
das Beileid
beim (bei dem)
das Bein, die Beine
beinahe
beisammen

A B C D E F G H I J K L M N O P Q R S T U V W X Y Z

das **Bei|spiel**, die Beispiele, zum Beispiel [z.B.]

**bei|ßen**, sie beißt, ich biss, er hat gebissen, der Biss

der **Bei|trag**, die Beiträge, beitragen

**be|ja|hen**, sie bejaht

**be|kannt**, die Bekannten, die Bekanntschaft, bekanntlich

die **Be|klei|dung**

**be|kom|men** → *kommen*

der **Be|lag**, die Beläge

**be|las|ten**, er belastet, die Belastung

**be|läs|ti|gen**, er belästigt, die Belästigung

**be|le|gen** → legen

**be|lei|di|gen**, sie beleidigt, die Beleidigung

**be|leuch|ten** → leuchten, die Beleuchtung

**Bel|gi|en**, die Belgier, belgisch

**Bel|grad** (Hauptstadt von Serbien)

**be|lie|big**

**be|liebt**, die Beliebtheit

**bel|len**, er bellt, das Gebell

**be|loh|nen**, sie belohnt, die Belohnung

**be|mer|ken** → merken, die Bemerkung

sich **be|mü|hen**, er bemüht sich, die Bemühung

**be|nach|rich|ti|gen**, sie benachrichtigt

sich **be|neh|men** → *nehmen*, das Benehmen

**be|nei|den**, sie beneidet

der **Ben|gel**, die Bengel

**be|no|ten**, er benotet

**be|nö|ti|gen**, er benötigt

**be|nut|zen**, sie benutzt, die Benutzung

das **Ben|zin**

**be|ob|ach|ten**, sie beobachtet,

die Beobachtung
be|quem,
die Bequemlichkeit
be|ra|ten → *raten*,
die Beratung,
die Berater
be|rech|nen → rechnen
be|rech|tigt,
berechtigen,
die Berechtigung
der Be|reich, die Bereiche
be|reit, die Bereitschaft
be|rei|ten, sie bereitet
be|reits
be|reu|en, er bereut es
der Berg, die Berge,
bergig, bergauf,
bergsteigen
ber|gen, er birgt,
ich barg,
sie hat geborgen
der Be|richt, die Berichte
be|rich|ten,
sie berichtet
be|rich|ti|gen,
die Berichtigung
Ber|lin (Hauptstadt von Deutschland),
die Berliner,
berlinerisch

Bern (Hauptstadt der Schweiz)
be|rüch|tigt
be|rück|sich|ti|gen,
er berücksichtigt,
die Berücksichtigung
der Be|ruf, die Berufe,
berufstätig, beruflich
be|ru|hi|gen,
sie beruhigt,
die Beruhigung
be|rühmt,
die Berühmtheit
be|rüh|ren, er berührt,
die Berührung
be|schä|di|gen,
er beschädigt,
die Beschädigung
die Be|schaf|fen|heit
be|schäf|ti|gen,
sie beschäftigt,
die Beschäftigung
der Be|scheid,
die Bescheide,
ich weiß Bescheid
die Be|schei|den|heit,
bescheiden sein
die Be|schei|ni|gung, die Bescheinigungen,
bescheinigen

A B C D E F G H I J K L M N O P Q R S T U V W X Y Z

**bescheren**,
er beschert,
die Bescherung
**beschleunigen**,
sie beschleunigt,
die Beschleunigung
**beschließen**
→ *schließen*
der **Beschluss**,
die Beschlüsse
**beschmutzen**,
sie beschmutzt
**beschreiben**
→ *schreiben*,
die Beschreibung
**beschuldigen**,
er beschuldigt,
die Beschuldigung
**beschützen**
→ schützen,
der Schutz
sich **beschweren**,
er beschwert sich,
die Beschwerde
**beseitigen**,
er beseitigt,
die Beseitigung
der **Besen**, die Besen
**besetzen**, sie besetzt,
die Besetzung,
die Besatzung
**besichtigen**,
sie besichtigt,
die Besichtigung
**besiegen** → siegen,
die Besiegten
die **Besinnung**,
sich besinnen,
besinnungslos
**besitzen**, sie besitzt,
ich besaß, er hat
besessen, der
Besitz, die Besitzer
**besonders**,
die Besonderheit
**besorgen**, er besorgt,
die Besorgung
**besprechen**
→ *sprechen*,
die Besprechung
**besser** → gut
**bestätigen**,
er bestätigt,
die Bestätigung
**bestäuben**,
sie bestäubt
**beste**, am besten,
die beste Antwort
**bestechen**
→ *stechen*,

die Bestechung
das **Besteck**, die Bestecke
**bestehen** → *stehen*
**bestellen**, sie bestellt,
die Bestellung
die **Bestie**, die Bestien
**bestimmen**,
er bestimmt, die
Bestimmung, an
bestimmten Tagen
**bestrafen**,
sie bestraft,
die Bestrafung
die **Bestrahlung**,
bestrahlen
**bestreiten** → *streiten*
der **Besuch**, die Besuche,
die Besucher
**besuchen**, er besucht
**betäuben**,
sie betäubt,
die Betäubung
**beteiligen**,
sie beteiligt,
die Beteiligung
**beten**, er betet,
das Gebet
der **Beton**, betonieren
die **Betonung**, betonen
**betrachten**,
er betrachtet,
die Betrachtung
der **Betrag**, die Beträge,
betragen
**betreuen**, er betreut,
die Betreuung
der **Betrieb**, die Betriebe
**betrüben**,
es betrübt mich
der **Betrug**, die Betrüger
**betrügen**, sie betrügt,
ich betrog,
er hat betrogen
**betrunken**,
der Betrunkene
das **Bett**, die Betten
**betteln**, er bettelt,
die Bettler
**beugen**, er beugt
die **Beule**, die Beulen
**beurteilen**,
sie beurteilt,
die Beurteilung
die **Beute**, erbeuten
der **Beutel**, die Beutel
die **Bevölkerung**,
bevölkert
**bevor**
**bevorzugen**,
er bevorzugt

A B C D E F G H I J K L M N O P Q R S T U V W X Y Z

sich **bewähren**,
er bewährt sich,
die Bewährung
**bewässern**,
sie bewässert,
die Bewässerung
**bewegen**, er bewegt,
die Bewegung
**beweglich**, bewegt
der **Beweis**, die Beweise,
beweisen
sich **bewerben** → *werben*,
die Bewerbung
**bewohnen**
→ wohnen,
die Bewohner
**bewölkt**,
die Bewölkung
**bewundern**,
sie bewundert,
die Bewunderung
**bewusst**, bewusstlos,
das Bewusstsein
**bezahlen**, sie bezahlt,
die Bezahlung
die **Bezeichnung**,
bezeichnen
**beziehen**, er bezieht
die **Beziehung**,
die Beziehungen
**beziehungsweise**
[bzw.]
der **Bezirk**, die Bezirke
der **Bezug**, die Bezüge
**bezüglich**
die **Bibel**, die Bibeln
der **Biber**, die Biber
die **Bibliothek**,
die Bibliotheken,
die Bibliothekarin,
der Bibliothekar
**biegen**, er biegt, ich
bog, sie hat gebogen,
biegsam
die **Biegung**,
die Biegungen
die **Biene**, die Bienen
das **Bier**, die Biere
das **Biest**, die Biester
**bieten**, sie bietet, ich
bot, er hat geboten
der **Bikini**, die Bikinis
das **Bild**, die Bilder
**bilden**, er bildet
die **Bildung**
**billig**
ich **bin** → *sein*
die **Binde**, die Binden
**binden**, sie bindet,
ich band,

er hat gebunden, der Bindestrich

die **Bin|dung**, die Bindungen

die **Bio|gra|fie** [Biographie], die Biografien

die **Bio|lo|gie**

der [das] **Bio|top**, die Biotope

die **Bir|ke**, die Birken

die **Bir|ne**, die Birnen, der Birnbaum

**bis**, bis Köln, bis morgen

der **Bi|schof**, die Bischöfe, die Bischöfin

**bis|her**

der **Biss**, die Bisse, bissig

**biss|chen**, ein bisschen

du **bist** → *sein*

das **Bit** (Informationseinheit bei Computern), die Bits [Bit]

die **Bit|te**, die Bitten

**bit|ten**, sie bittet, ich bat, er hat gebeten

**bit|ter**, die Bitterkeit

**blä|hen**, es bläht

**bla|mie|ren**, er blamiert, die Blamage

**blank**

**blan|ko** (leer, nicht ausgefüllt)

die **Bla|se**, die Blasen, das Bläschen

**bla|sen**, sie bläst, ich blies, er hat geblasen

**blass**, blasser [blässer], am blassesten [blässesten], die Blässe

das **Blatt**, die Blätter, blättern

**blau**, bläulich

das **Blech**, die Bleche, blechern

das **Blei**, die Bleie, bleiern

**blei|ben**, er bleibt, ich blieb, sie ist geblieben

**bleich**

der **Blei|stift**, die Bleistifte

**blen|den**, er blendet, die Blendung

der **Blick**, die Blicke

**bli|cken**, sie blickt

**blind**, der Blinde

A B C D E F G H I J K L M N O P Q R S T U V W X Y Z

der **Blind|darm**
**blin|ken**, er blinkt
der **Blin|ker**, die Blinker
**blin|zeln**, ich blinzele [blinzle], sie blinzelt
der **Blitz**, die Blitze, blitzen
der **Block**, die Blöcke [Blocks]
die **Block|flö|te**, die Blockflöten
**blöd** [blöde], der Blödsinn
**blö|ken**, das Schaf blökt
**blond**
**bloß**
**blub|bern**, es blubbert
**blü|hen**, es blüht
die **Blu|me**, die Blumen
der **Blu|men|kohl**
die **Blu|se**, die Blusen
die **Blü|te**, die Blüten
**blu|ten**, er blutet
das **Blut**, blutig
die **Bö** [Böe] (Windstoß), die Böen, böig
der **Bob** (Rennschlitten), die Bobs
der **Bock**, die Böcke, bockig
der **Bo|den**, die Böden
der **Bo|gen**, die Bogen [Bögen]
die **Boh|ne**, die Bohnen
**boh|ren**, er bohrt
der **Boh|rer**, die Bohrer
der **Boi|ler**, die Boiler (Warmwasserbereiter)
die **Bo|je**, die Bojen
**bol|zen**, sie bolzt, der Bolzplatz
die **Bom|be**, die Bomben, bombardieren
der **Bon** (Gutschein, Kassenzettel), die Bons
der [das] **Bon|bon**, die Bonbons
das **Boot**, die Boote
der **Bord**, die Borde, an Bord gehen, der Bordstein
**bor|gen**, er borgt
die **Bör|se**, die Börsen
die **Bors|te**, die Borsten, borstig
**bö|se**, böswillig, boshaft
die **Bö|schung**, die Böschungen

Bos|ni|en-
Her|ze|go|wi|na
der **Boss**, die Bosse
der **Bo|te**, die Boten, die Botin
die **Bot|schaft**, die Botschaften
die **Bou|tique** (kleiner Laden), die Boutiquen
**bo|xen**, sie boxt, die Boxer
der **Brand**, die Brände
**Bran|den|burg**, die Brandenburger, brandenburgisch
die **Bran|dung**, die Brandungen
**bra|ten**, er brät, ich briet, sie hat gebraten
der **Bra|ten**, die Braten
**Bra|tis|la|va** (Hauptstadt der Slowakei)
der **Brauch**, die Bräuche
**brau|chen**, sie braucht
**brau|en**, er braut, die Brauerei
**braun**, bräunlich, bräunen
die **Brau|se**, die Brausen
**brau|sen**, er braust
die **Braut**, die Bräute
der **Bräu|ti|gam**, die Bräutigame
**brav**
**bra|vo!**
**bre|chen**, sie bricht, ich brach, er hat gebrochen
der **Brei**, die Breie, breiig
**breit**, die Breite
**Bre|men**, die Bremer, bremisch
die **Brem|se**, die Bremsen
**brem|sen**, er bremst
**bren|nen**, es brennt, es brannte, es hat gebrannt
**bren|nend**
die **Brenn|nes|sel** [Brenn-Nessel], die Brennnesseln
**brenz|lig**
das **Brett**, die Bretter
die **Bre|zel**, die Brezeln
der **Brief**, die Briefe, brieflich, die Briefmarke
das **Bri|kett**, die Briketts
der **Bril|lant**, die Brillanten

die **Brille**, die Brillen, das Brillenetui
**bringen**, er bringt, ich brachte, ich habe gebracht
die **Brise** (Wind), die Brisen
der **Brocken**, die Brocken, bröckeln, bröckelig [bröcklig]
**brodeln**, es brodelt
der **Brokkoli** [Broccoli]
die **Brombeere**, die Brombeeren
die **Bronchitis**, die Bronchien
die **Bronze**, die Bronzemedaille
die **Brosche**, die Broschen
die **Broschüre** (leichtes Heft), die Broschüren
das **Brot**, die Brote
das **Brötchen**, die Brötchen
der **Bruch**, die Brüche, brüchig
die **Brücke**, die Brücken
der **Bruder**, die Brüder, brüderlich
die **Brühe**, die Brühen, brühen, verbrühen
**brüllen**, er brüllt, das Gebrüll
**brummen**, er brummt, der Brummer, brummig
**brünett** (braunhaarig)
der **Brunnen**, die Brunnen
**Brüssel** (Hauptstadt von Belgien)
die **Brust**, die Brüste
sich **brüsten**, sie brüstet sich
**brutal**, die Brutalität
**brüten**, sie brütet, die Brut
**brutto**
**brutzeln** (braten), es brutzelt
der **Bub**, die Buben
das **Buch**, die Bücher
die **Buche**, die Buchen, die Buchecker
die **Bücherei**, die Büchereien
die **Büchse**, die Büchsen
der **Buchstabe**, die Buchstaben, buchstabieren
die **Bucht**, die Buchten

der **Buckel**, die Buckel, buckelig [bucklig]
sich **bücken**, sie bückt sich
**Budapest** (Hauptstadt von Ungarn)
**buddeln**, er buddelt
der **Buddhismus**, buddhistisch
die **Bude**, die Buden
der **Büffel**, die Büffel
das **Büfett** [Buffet], die Büfetts, kaltes Büfett
der **Bügel**, die Bügel
**bügeln**, er bügelt
die **Bühne**, die Bühnen
**Bukarest** (Hauptstadt von Rumänien)
**Bulgarien**, die Bulgaren, bulgarisch
der **Bulle**, die Bullen
der **Bumerang**, die Bumerangs [Bumerange]
**bummeln**, sie bummelt, der Bummel
der **Bund** (Vereinigung), die Bünde, Geheimbund
das **Bund** (Gebundenes), die Bunde, ein Bund Blumen, Vergleich: → bunt
das **Bündel**, die Bündel, bündeln
die **Bundeskanzlerin**, der Bundeskanzler
die **Bundesliga**
der **Bundespräsident**, die Bundespräsidentin
die **Bundesregierung**, die Bundesregierungen
die **Bundesrepublik**
die **Bundeswehr**
das **Bündnis**, die Bündnisse, verbündet
der **Bunker**, die Bunker
**bunt**, bunter, am buntesten, Vergleich: → Bund
die **Burg**, die Burgen
**bürgen**, sie bürgt, der Bürge
der **Bürger**, die Bürger, die Bürgerin, die Bürgermeisterin, der Bürgersteig
das **Büro**, die Büros

A B C D E F G H I J K L M N O P Q R S T U V W X Y Z

A B C D E F G H I J K L M N O P Q R S T U V W X Y Z

der **Bursche**, die Burschen
die **Bürste**, die Bürsten
**bürsten**, sie bürstet
der **Bus**, die Busse
der **Busch**, die Büsche, buschig
das **Büschel**, die Büschel
der **Busen**, die Busen
der **Bussard**, die Bussarde
**büßen**, er büßt, die Buße
die **Butter**, butterweich
das **Byte** (8 Bits), die Bytes [Byte]

# C

das **Cabrio** [Kabrio], die Cabrios
das **Café**, die Cafés, die Cafeteria, Vergleich: → Kaffee
das **Camping**, campen, der Campingplatz
die **CD**, die CDs
der **CD-Player**, die CD-Player
die **CD-ROM**, die CD-ROMs
das **Cello**, die Cellos [Celli]
**Celsius**, 18 Grad Celsius [18 °C]
der **Cent** [ct], 5 Cent
das **Chamäleon** (Echse), die Chamäleons
der **Champignon** (Pilz), die Champignons
der **Champion** (Gewinner), die Champions, die Champions League
die **Chance**, die Chancen
das **Chaos**, chaotisch
der **Charakter**, die Charaktere, charakteristisch
der **Charterflug**, die Charterflüge
der **Chauffeur**, die Chauffeure
**checken**, er checkt, die Checkliste
die **Chefin**, die Chefs, der Chef
die **Chemie**, chemisch

**China**, die Chinesen, chinesisch
der **Chip**, die Chips
der **Chirurg**, die Chirurgen
das **Chlor**
der **Chor**, die Chöre
der **Christ**, die Christen, christlich, Christus
das **Chrom**, verchromt
**circa** [zirka, ca.] (ungefähr)
die **City** (Innenstadt), die Citys
**clever** (klug)
die **Clique** (Freundeskreis), die Cliquen
der **Clown**, die Clowns
das **Cockpit**, die Cockpits
die [das] **Cola**, die Colas
die **Collage** (geklebtes Bild), die Collagen
der **Comic**, die Comics
der **Computer**, die Computer
der **Container**, die Container
**cool**
die **Couch** (Sofa), die Couchs [Couchen]
der **Cousin** (Vetter), die Cousins, die Cousine [Kusine]
der **Cowboy**, die Cowboys
die **Creme** [Krem, Kreme], die Cremes, cremen
das **Croissant** (Blätterteighörnchen), die Croissants
der [das] **Curry** (Gewürz)
der **Cursor**

# D

**da**
**dabei**
das **Dach**, die Dächer
der **Dachs**, die Dachse
der **Dackel**, die Dackel
**dadurch**
**dafür**
**dagegen**
**daheim**
**daher**
**dahin**
**dahinter**
**damals**

A B C D E F G H I J K L M N O P Q R S T U V W X Y Z

die **Dame**, die Damen
**damit**
**dämlich**, die Dämlichkeit
der **Damm**, die Dämme
**dämmen**, eindämmen
die **Dämmerung**, dämmern, dämmerig [dämmrig]
der **Dampf**, die Dämpfe, dämpfen, dampfen
der **Dampfer**, die Dampfer
**danach**
**daneben**
**Dänemark**, die Dänen, dänisch
**danken**, er dankt, der Dank, danke schön, dankbar, die Dankbarkeit
**dann**
**daran** [dran]
**darauf** [drauf]
**daraus** [draus]
**darein** [drein], dareinreden
**darin** [drin]
der **Darm**, die Därme
**darstellen**, sie stellt dar, die Darstellung, die Darstellerin
**darüber** [drüber]
**darum** [drum]
**darunter** [drunter]
**das** (der, die, das), das Haus, Vergleich: → dass
**dasjenige**, diejenige
**dass**, ich glaube, dass ..., Vergleich: → das
**dasselbe**
der **Dativ** (3. Fall, Wemfall)
die **Dattel**, die Datteln
das **Datum**, die Daten
die **Dauer**
**dauern**, es dauert
**dauernd**, dauerhaft
der **Daumen**, die Daumen
**davon**
**davor**
**dazu**
**dazwischen**
die **DDR** (Deutsche Demokratische Republik)
das **Deck**, die Decks [Decke]
die **Decke**, die Decken
der **Deckel**, die Deckel
**decken**, er deckt,

bedecken,
die Deckung
defekt (fehlerhaft)
der Defekt, die Defekte
dehnen, sie dehnt,
die Dehnung,
Vergleich: → denen
der Deich, die Deiche
die Deichsel,
die Deichseln
dein, deine, deiner
deinetwegen
dekorieren,
er dekoriert,
die Dekoration
der Delfin [Delphin],
die Delfine
die Delikatesse,
die Delikatessen
die Delle, die Dellen
dem, in dem Haus
demnach
demnächst
die Demokratie,
die Demokratien,
demokratisch
demonstrieren,
sie demonstriert,
die Demonstration
die Demut, demütig

den, sie hat den Ball,
Vergleich: → denn
denen, Bälle, mit
denen wir werfen,
Vergleich: → dehnen
denken, er denkt, ich
dachte, sie hat
gedacht, denkbar
das Denkmal,
die Denkmäler
[Denkmale]
denn, mehr denn je,
Vergleich: → den
dennoch
das Deo, die Deos,
das Deodorant
die Deponie,
die Deponien
der Depp, die Deppen
der (der, die, das),
der Mond
derartig
derb
deren
derjenige, dasjenige
derselbe, dasselbe
des
deshalb
dessen
das Dessert, die Desserts

A B C D E F G H I J K L M N O P Q R S T U V W X Y Z

desto
deswegen
der Detektiv, die Detektive, die Detektivin
deuten, sie deutet
deutlich, die Deutlichkeit
deutsch, deutsche Sprache, auf Deutsch
Deutschland, die Deutschen
der Dezember
der [das] Dezimeter [dm], die Dezimeter
das Dia, die Dias
der Diabetes (Krankheit), der Diabetiker
die Diagnose, die Diagnosen, diagnostizieren
das Diagramm, die Diagramme
der Dialekt, die Dialekte
der Diamant, die Diamanten
die Diät, die Diäten
dich
dicht, die Dichte
dichten, er dichtet, die Dichterin, die Dichtung
dick
das Dickicht, die Dickichte
die (der, die, das), die Katze
der Dieb, die Diebe, der Diebstahl
diejenige, derjenige
die Diele, die Dielen
dienen, sie dient
der Diener, die Diener
der Dienst, die Dienste, dienstlich
der Dienstag, die Dienstage, Dienstagabend, dienstags
dies, diese, dieser, dieses
der Diesel
dieselbe
diesem, diesen
diesig
diesmal, dieses Mal
die Differenz, die Differenzen
digital, die Digitalkamera
das Diktat, die Diktate

diktieren, er diktiert
der Dill (Gewürzpflanze)
das Ding, die Dinge
der Dinosaurier, die Dinosaurier
das Diplom, die Diplome
dir
direkt
die Direktorin, die Direktorinnen, der Direktor, die Direktoren
die Dirigentin, die Dirigenten, der Dirigent, dirigieren
das Dirndl, die Dirndl
die Diskette, die Disketten
die Diskothek [Disco, Disko], die Diskotheken, der Discjockey
die Diskussion, die Diskussionen
diskutieren, sie diskutiert
das Display, die Displays
disqualifizieren, er disqualifiziert
die Distanz, die Distanzen
die Distel, die Disteln
die Disziplin, diszipliniert
dividieren, sie dividiert, die Division
doch
der Docht, die Dochte
die Dogge, die Doggen
der Doktor [Dr.], die Doktoren, die Doktorin
der Dolch, die Dolche
der Dollar, die Dollars
die Dolmetscherin, die Dolmetscher, der Dolmetscher
der Dom, die Dome
das Domino, die Dominos
der Dompteur (Tierbändiger), die Dompteure, die Dompteurin
die Donau (Fluss)
der Döner [Dönerkebab], die Döner
der Donner
donnern, es donnert
der Donnerstag, die Donnerstage, donnerstags
doof, die Doofheit

A B C D E F G H I J K L M N O P Q R S T U V W X Y Z

das **Doping**, dopen
**doppelt**, das Doppelte
das **Dorf**, die Dörfer, dörflich
der **Dorn**, die Dornen, dornig
**dort**, dorthin
die **Dose**, die Dosen
**dösen**, sie döst
der [das] **Dotter**, die Dotter
der **Drache** (Fabeltier), die Drachen
der **Drachen** (Fluggerät), die Drachen
der **Draht**, die Drähte, drahtig
das **Drama**, die Dramen, dramatisch
**dran** [daran]
**drängeln**, er drängelt
**drängen**, sie drängt
**draußen**
**dreckig**, der Dreck
**drehen**, er dreht, der Dreher, die Drehung
**drei**, dreizehn, dreißig, dreihundert, dreifach, dreimal, die Dreiviertelstunde
das **Dreieck**, die Dreiecke, dreieckig
**dreschen**, sie drischt, ich drosch, er hat gedroschen
**Dresden**
**dressieren**, er dressiert, die Dressur
**dribbeln**, sie dribbelt, das Dribbling
**driften**, er driftet
**drin** [darin]
**dringen**, er dringt darauf, ich drang darauf, sie hat darauf gedrungen
**dringend**
**drinnen**
**drittens**, zum dritten Mal, ein Drittel, zu dritt, jeder Dritte
die **Droge**, die Drogen
die **Drogerie**, die Drogerien, der Drogist, die Drogistin
**drohen**, sie droht, drohend, die Drohung
**dröhnen**, es dröhnt, dröhnend

drollig
das Dromedar, die Dromedare
der [das] Drops (Bonbon), die Drops
die Drossel, die Drosseln
drüben
drüber [darüber]
der Druck, die Drucke, der Drucker, die Druckerei, drucken
drücken, sie drückt, der Druckknopf
drunter [darunter], drunter und drüber
die Drüse, die Drüsen
der Dschungel
du
der Dübel, die Dübel
Dublin (Hauptstadt von Irland)
sich ducken, er duckt sich
das Duell, die Duelle
der Duft, die Düfte, duften, duftig
dulden, sie duldet, duldsam
dumm, dümmer, am dümmsten, dümmlich,
die Dummheit
dumpf
die Düne, die Dünen
der Dünger, düngen, der Dung
dunkel, dunkelrot, die Dunkelheit
dünn
der Dunst, die Dünste, verdunsten
das Dur (Tonart), C-Dur
durch, durchaus
der Durchblick, durchblicken
die Durchblutung, durchblutet
durcheinander, das Durcheinander
der Durchfall, die Durchfälle
durchführen → führen, die Durchführung
der Durchgang, die Durchgänge
durchhalten → *halten*
durchlässig
der Durchmesser
durchqueren, er durchquert

der **Durchschnitt**, durchschnittlich
**durchsetzen**, er setzte durch
**durchsichtig**, die Durchsicht
**durchsuchen** → suchen, die Durchsuchung
**dürfen**, er darf, ich durfte, sie hat gedurft
**dürftig**
**dürr**, die Dürre
der **Durst**, durstig
**duschen**, sie duscht, die Dusche
die **Düse**, die Düsen
**Düsseldorf**
**düster** [duster]
das **Dutzend** (12 Stück), Dutzende [dutzende]
**duzen**, du duzt ihn
die **DVD**, die DVDs, der DVD-Player
**dynamisch**
das **Dynamit**
der **Dynamo**, die Dynamos
der **D-Zug**, die D-Züge

# E

die **Ebbe**, Ebbe und Flut
**eben**
die **Ebene**, die Ebenen, ebnen
**ebenfalls**
**ebenso**
der **Eber**, die Eber
das **Echo**, die Echos
**echt**, die Echtheit
die **Ecke**, die Ecken, eckig
**edel**, veredeln
die **EDV** (elektronische Datenverarbeitung)
der **Efeu**
der **Effekt**, die Effekte
**egal** (gleichgültig)
die **Egge**, die Eggen, eggen
**egoistisch**, der Egoismus, die Egoistin, der Egoist
**ehe**, eher, am ehesten
die **Ehe**, die Ehen, das Ehepaar
die **Ehre**, die Ehren, die

Siegerehrung, ehren, Vergleich: → Ähre
der **Ehrgeiz**, ehrgeizig
**ehrlich**, die Ehrlichkeit
das **Ei**, die Eier, eiförmig
die **Eiche**, die Eichen
die **Eichel**, die Eicheln
das **Eichhörnchen**, die Eichhörnchen
der **Eid** (Schwur), die Eide
die **Eidechse**, die Eidechsen
der **Eifer**, eifrig, eifersüchtig
**eigen**, eigenartig, die Eigenart, die Eigenschaft
der **Eigensinn**, eigensinnig
**eigentlich**
das **Eigentum**, die Eigentümer
sich **eignen**, geeignet
**eilen**, er eilt, eilig, die Eile
der **Eimer**, die Eimer
**ein**, eine, einer, eines
**einander**
die **Einbahnstraße**, die Einbahnstraßen
der **Einband**, die Einbände, einbinden
die **Einbildung**, die Einbildungen, sich etwas einbilden, eingebildet
**einbrechen** → *brechen*, der Einbrecher, der Einbruch
**eindeutig**
**eindringen** → *dringen*
**eindringlich**
der **Eindruck**, die Eindrücke, eindrucksvoll
**eineinhalb** [anderthalb]
**einerlei**
**einfach**, die Einfachheit
**einfädeln**, sie fädelt ein
die **Einfahrt**, die Einfahrten
der **Einfall**, die Einfälle, einfallsreich
**einfallen** → *fallen*
**einfältig**

A B C D E F G H I J K L M N O P Q R S T U V W X Y Z

der **Ein|fluss**, die Einflüsse
die **Ein|füh|rung**, die Einführungen, einführen
der **Ein|gang**, die Eingänge
**ein|ge|bil|det**
die **Ein|ge|wei|de**
**ein|gie|ßen** → *gießen*
**ein|hef|ten**, er heftet ein
**ein|hei|misch**, die Einheimischen
die **Ein|heit**, die Einheiten
**ein|heit|lich**
**ei|nig**, die Einigkeit
**ei|ni|ge**, einigermaßen
sich **ei|ni|gen**, er einigt sich, die Einigung
der **Ein|kauf**, die Einkäufe, einkaufen
das **Ein|kom|men**, die Einkommen
**ein|la|den**, sie lädt ein, ich lud ein, er hat eingeladen, die Einladung, einladend
der **Ein|lass**, die Einlässe
**ein|las|sen** → *lassen*
die **Ein|lei|tung**, die Einleitungen
**ein|mal**, einmalig
das **Ein|mal|eins**
die **Ein|nah|me**, die Einnahmen
**ein|neh|men** → *nehmen*
**ein|pa|cken** → packen
**ein|prä|gen** → prägen, einprägsam
die **Ein|rich|tung**, die Einrichtungen, einrichten
**eins**
**ein|sam**, die Einsamkeit
der **Ein|satz**, die Einsätze
**ein|schen|ken**, er schenkt ein
**ein|schla|fen** → *schlafen*
**ein|schlie|ßen** → *schließen*, eingeschlossen
**ein|schließ|lich**
**ein|schu|len**, er wird eingeschult, die Einschulung
**ein|sei|tig**
die **Ein|sicht**,

die Einsichten, einsichtig, einsehen
ein|sper|ren, sie sperrt ein
einst, einstmals
ein|stei|gen → *steigen*
ein|stim|mig
der Ein|sturz, die Einstürze, einstürzen
die Ein|tei|lung, die Einteilungen, einteilen
die Ein|tracht, einträchtig
ein|tre|ten → *treten*, der Eintritt
ein|ver|stan|den, das Einverständnis
der Ein|wand, die Einwände, einwandfrei
der Ein|wan|de|rer, die Einwanderer, die Einwanderin
ein|wech|seln → wechseln
die Ein|woh|ne|rin, die Einwohner, der Einwohner
die Ein|zahl
ein|zeln, die Einzelheit
ein|zie|hen → *ziehen*, der Einzug
ein|zig, einzige, einzigartig
das Eis, eisig, eiskalt
das Ei|sen, die Eisen, die Eisenbahn, eisern
ei|tel, die Eitelkeit
der Ei|ter, eitern, eitrig
ekeln, er ekelt sich, ich ekele [ekle] mich, der Ekel, ekelig [eklig], ekelhaft
elas|tisch, die Elastizität
die El|be (Fluss)
der Elch, die Elche
der Ele|fant, die Elefanten
ele|gant, die Eleganz
elek|t|risch, der Elektriker, die Elektrizität, die Elektronik
das Ele|ment, die Elemente
das Elend, elend sein, elendig
elf, elfmal, der Elfte, der Elfmeter
die El|fe, die Elfen, der Elf

A B C D E F G H I J K L M N O P Q R S T U V W X Y Z

der **Ell|bo|gen** [Ellenbogen], die Ellbogen
die **Els|ter**, die Elstern
die **El|tern**
die [das] **E-Mail**, die E-Mails, die E-Mail-Adresse
der **Em|b|ryo**, die Embryos
**emp|fan|gen**, sie empfängt, ich empfing, er hat empfangen, der Empfang, die Empfänger
**emp|feh|len**, er empfiehlt, ich empfahl, sie hat empfohlen, die Empfehlung
**emp|fin|den**, sie empfindet, ich empfand, er hat empfunden, empfindlich, die Empfindung
**em|por**, die Empore
sich **em|pö|ren**, sie empört sich, empörend
**em|sig**

das **En|de**, die Enden, am Ende, beenden, endlos, endgültig, endlich
die **Ener|gie**, die Energien, energisch
**eng**, die Enge
der **En|gel**, die Engel
**Eng|land**, die Engländer, englisch
die **En|ke|lin**, die Enkelinnen, der Enkel, die Enkel
**enorm**
**ent|beh|ren**, er entbehrt, die Entbehrung
die **Ent|bin|dung**, die Entbindungen, entbinden
**ent|de|cken**, sie entdeckt, die Entdeckung
die **En|te**, die Enten
**ent|fer|nen**, er entfernt, die Entfernung, entfernt
**ent|füh|ren**, sie entführt, die Entführung

entgegen
entgegnen,
er entgegnet
entgleisen,
sie entgleist
enthalten → *halten*,
die Enthaltung
entkommen
→ *kommen*
entlang
entlassen → *lassen*
entlaufen → *laufen*
sich entrüsten, er entrüstet
sich, die Entrüstung
die Entschädigung,
die Entschädigungen
entscheiden,
sie entscheidet,
ich entschied,
er hat entschieden,
die Entscheidung
sich entschließen,
er entschließt sich,
ich entschloss mich,
sie hat sich
entschlossen,
der Entschluss
entschlüsseln,
sie entschlüsselt
entschuldigen,
sie entschuldigt,
die Entschuldigung
das Entsetzen, entsetzlich
entspannen,
er entspannt sich,
die Entspannung
entsprechen
→ *sprechen*
entsprechend
entstehen → *stehen*,
die Entstehung
enttäuschen,
sie enttäuscht,
die Enttäuschung,
enttäuschend
entweder ... oder ...
entwerfen, er entwirft,
ich entwarf,
sie hat entworfen,
der Entwurf
entwerten,
sie entwertet
entwickeln,
er entwickelt,
die Entwicklung
entziehen → *ziehen*
entziffern,
sie entziffert
entzückend,
das Entzücken

**entzünden**, er entzündet, die Entzündung

**entzwei**

**er**, sie, es

**erarbeiten**, sie erarbeitet

das **Erbarmen**, erbärmlich, sich erbarmen

**erben**, er erbt, die Erbin, das Erbe

**erbeuten**, sie erbeutet

**erblicken**, sie erblickt

**erbost**

die **Erbse**, die Erbsen

das **Erdbeben**, die Erdbeben

die **Erdbeere**, die Erdbeeren

die **Erde**, das Erdöl, das Erdgeschoss

das **Ereignis**, die Ereignisse, sich ereignen, ereignisreich

**erfahren** → *fahren*, die Erfahrung

**erfinden** → *finden*, die Erfindung

der **Erfolg**, die Erfolge, erfolgreich, erfolglos, erfolgen

**erforderlich**, erfordern

**erforschen** → forschen

**erfreulich**, erfreuen

**erfrieren** → *frieren*

**erfrischen**, er erfrischt, erfrischend, die Erfrischung

**erfüllen** → füllen, die Erfüllung

**Erfurt**

**ergänzen**, er ergänzt, die Ergänzung

das **Ergebnis**, die Ergebnisse, ergeben

**ergiebig**

**ergreifen** → *greifen*

**erhalten** → *halten*

**erheben** → *heben*

**erheblich**

**erhitzen**, er erhitzt

die **Erholung**, sich erholen, erholsam

**erinnern**, er erinnert sich, die Erinnerung

die **Erkältung**, sich erkälten

erkennen → *kennen*
**erklären**, sie erklärt,
die Erklärung
**erkranken**,
er erkrankt,
die Erkrankung
sich **erkundigen**,
sie erkundigt sich,
die Erkundigung
**erlauben**, er erlaubt,
die Erlaubnis
**erläutern**,
sie erläutert,
die Erläuterung
die **Erle**, die Erlen
**erleben** → leben,
das Erlebnis,
die Erlebnisse
**erledigen**, er erledigt,
die Erledigung
**erleichtert**,
erleichtern,
die Erleichterung
**erlösen**, sie erlöst,
die Erlösung
**ermahnen**,
er ermahnt,
die Ermahnung
**ermäßigen**,
er ermäßigt,
die Ermäßigung
**ermitteln**, sie ermittelt,
die Ermittlung
die **Ernährung**, ernähren
**erneuern**,
ich erneuere,
er erneuert,
die Erneuerung
**erneut**
**ernst**, ernsthaft,
der Ernst
**ernten**, sie erntet,
die Ernte
**erobern**, sie erobert,
die Eroberung
**eröffnen**, er eröffnet,
die Eröffnung
**erpressen**,
er erpresst,
die Erpressung
**erraten** → *raten*
die **Erregung**, erregen,
erregt
**erreichen**, sie
erreicht, erreichbar
**errichten**, er errichtet
**erröten**, sie errötet
der **Ersatz**, ersetzen
**erschaudern**,
sie erschaudert

A B C D E F G H I J K L M N O P Q R S T U V W X Y Z

**er|schei|nen**, es erscheint, die Erscheinung
**er|schöpft**, die Erschöpfung
**er|schre|cken**, er erschrickt, ich erschrak, sie ist erschrocken, der Schreck, er erschreckt mich
**er|schüt|tern**, es erschüttert, die Erschütterung
**er|set|zen**, es ersetzt, der Ersatz
die **Er|spar|nis**, die Ersparnisse
**erst**, erst heute, erst recht
**er|staunt**, erstaunen
**ers|te**, erstens, erst mal, das erste Mal, der Erste
**er|sti|cken**, er erstickt, die Erstickung
**erst|klas|sig**
**er|tap|pen**, sie ertappt
**er|tra|gen** → *tragen*
**er|trin|ken** → *trinken*
**er|wach|sen**, der Erwachsene
**er|wäh|nen**, er erwähnt, die Erwähnung
**er|war|ten**, sie erwartet, die Erwartung
**er|wei|sen**, es erweist sich
**er|wer|ben** → *werben*, die Erwerbung
**er|wi|dern**, er erwidert, die Erwiderung
**er|wi|schen**, sie erwischt
das **Erz**, die Erze
**er|zäh|len**, er erzählt, die Erzählung
**er|zeu|gen**, sie erzeugt, das Erzeugnis
**er|zie|hen**, sie erzieht, die Erziehung
**es**, es ist schön
die **Esche**, die Eschen
der **Esel**, die Esel
der **Es|ki|mo**, die Eskimos
**es|sen**, er isst, ich aß, sie hat gegessen, essbar, iss!
das **Es|sen**, die Essen

der **Essig**, die Essige
**Estland**, die Estländer, estländisch
die **Etage**, die Etagen
die **Etappe**, die Etappen
das **Etikett**, die Etiketten
**etliche**
das **Etui**, die Etuis
**etwa**
**etwas**, etwas Salz
**euch**, euer, eure
die **Eule**, die Eulen
**euretwegen**
der **Euro** [€], 20 Euro
**Europa**, die Europäer, europäisch,
die **Europäische Union** [EU]
das [der] **Euter**, die Euter
**evangelisch** [ev.]
das **Evangelium**, die Evangelien
**eventuell**
**ewig**, die Ewigkeit
**exakt**
das **Exemplar**, die Exemplare
**existieren**, es existiert, die Existenz
**exotisch**
die **Expedition**, die Expeditionen
das **Experiment**, die Experimente, experimentieren
**explodieren**, es explodiert, die Explosion
**extra**
**extrem**

# F

die **Fabel**, die Fabeln, fabelhaft
die **Fabrik**, die Fabriken, fabrizieren, der Fabrikant
das **Fach**, die Fächer, fachgerecht
die **Fackel**, die Fackeln
**fad** [fade]
der **Faden**, die Fäden, einfädeln
das **Fagott**, die Fagotte

A B C D E F G H I J K L M N O P Q R S T U V W X Y Z

**fähig**, die Fähigkeit
**fahnden**, sie fahndet, die Fahndung
die **Fahne**, die Fahnen
die **Fähre**, die Fähren
**fahren**, er fährt, ich fuhr, sie ist gefahren, die Fahrt, der Fahrer, das Fahrzeug
**fahrlässig**
das **Fahrrad**, die Fahrräder
die **Fährte** (Spur), die Fährten
**fair**, die Fairness, Fair Play
der **Falke**, die Falken
der **Fall**, die Fälle, fällig
die **Falle**, die Fallen
**fallen**, sie fällt, ich fiel, er ist gefallen
**fällen**, er fällt einen Baum
**falls**
**falsch**, die Fälschung, fälschen
**falten**, sie faltet, die Falte, faltig
der **Falter**, die Falter
die **Familie**, die Familien
der **Fan**, die Fans, Fanklub
**fangen**, er fängt, ich fing, sie hat gefangen, der Fang, die Fänge
die **Fantasie** [Phantasie], die Fantasien, fantasieren, fantastisch
die **Farbe**, die Farben, färben, farbenfroh, farbig
die **Farm**, die Farmen
der **Farn**, die Farne
der **Fasan**, die Fasane
der **Fasching**, die Faschinge [Faschings]
**faseln**, sie faselt
die **Faser**, die Fasern, fasrig [faserig]
das **Fass**, die Fässer
die **Fassade**, die Fassaden
**fassen**, er fasst, fass!, die Fassung, fassungslos
**fast** (beinahe)
**fasten**, er fastet

das **Fast Food** [Fastfood] (schneller Imbiss)
die **Fastnacht**
**fauchen**, sie faucht
**faul**, faulenzen, die Faulheit, der Faulpelz, Vergleich: → Foul
**faulen**, es fault, faul, verfaulen, die Fäulnis
die **Faust**, die Fäuste
der **Favorit**, die Favoriten
das **Fax**, die Faxe, faxen (ein Fax schicken)
die **Faxen** (Faxen machen)
der **Februar**
**fechten**, sie ficht, ich focht, er hat gefochten, die Fechter
die **Feder**, die Federn
die **Fee**, die Feen
**fegen**, sie fegt, der Feger
**fehlen**, er fehlt
der **Fehler**, die Fehler, fehlerfrei, fehlerhaft
**feiern**, sie feiert, die Feier, feierlich, der Feiertag

**feige** [feig], der Feigling, die Feigheit
die **Feige**, die Feigen
**feilen**, er feilt, die Feile
**fein**, die Feinheit
der **Feind**, die Feinde, die Feindschaft, feindlich, feindselig
das **Feld**, die Felder
die **Felge**, die Felgen, die Felgenbremse
das **Fell**, die Felle
der **Felsen** [Fels], die Felsen, felsig
das **Fenster**, die Fenster
die **Ferien**
das **Ferkel**, die Ferkel
**fern**, die Ferne
der **Fernseher**, die Fernseher, fernsehen
die **Ferse**, die Fersen
**fertig**, fertigstellen
**fesseln**, sie fesselt, die Fessel
**fest**, fester, feststellen
das **Fest**, die Feste, festlich
die **Festung**, die Festungen

A B C D E F G H I J K L M N O P Q R S T U V W X Y Z

**fett**, fettig, einfetten, das Fett
der **Fetzen**, die Fetzen
**feucht**, die Feuchtigkeit
das **Feuer**, die Feuer, feurig, die Feuerwehr
die **Fibel**, die Fibeln
die **Fichte**, die Fichten
das **Fieber**, fiebern, fiebrig, das Fieberthermometer
**fies**
die **Figur**, die Figuren
die **Filiale**, die Filialen
der **Film**, die Filme, filmen
der **Filter**, die Filter, filtern
der **Filz**, die Filze, der Filzstift
das **Finale**, die Finale
die **Finanzen**, finanzieren, das Finanzamt
**finden**, er findet, ich fand, sie hat gefunden, die Finderin, der Fund
der **Finger**, die Finger
der **Fink**, die Finken
**Finnland**, die Finnen, finnisch

**finster**, die Finsternis
die **Firma**, die Firmen
die **Firmung**, firmen
der **First**, die Firste, der Dachfirst
der **Fisch**, die Fische, der Fischer, fischen
**fit**, fitter, am fittesten, die Fitness
**fix**
**flach**, die Fläche
**flackern**, es flackert
der **Fladen**, die Fladen
die **Flagge**, die Flaggen
der **Flamingo**, die Flamingos
die **Flamme**, die Flammen
die **Flanke**, die Flanken, flanken
die **Flasche**, die Flaschen
**flattern**, sie flattert
**flau**, die Flaute
der **Flaum**, flaumig
die **Flechte**, die Flechten
**flechten**, er flicht, ich flocht, sie hat geflochten
der **Fleck**, die Flecken, fleckig
die **Fledermaus**,

die Fledermäuse
der **Fle|gel**, die Flegel
**fle|hen**, sie fleht
das **Fleisch**, fleischig, die Fleischerin
der **Fleiß**, fleißig
**flen|nen**, er flennt
**flet|schen**, sie fletscht
**fli|cken**, er flickt, der Flicken
der **Flie|der**, die Flieder
die **Flie|ge**, die Fliegen
**flie|gen**, sie fliegt, ich flog, er ist geflogen
**flie|hen**, sie flieht, ich floh, er ist geflohen, die Flucht
die **Flie|se**, die Fliesen
**flie|ßen**, es fließt, es floss, es ist geflossen
**flim|mern**, es flimmert
**flink**
die **Flin|te**, die Flinten
**flit|zen**, sie flitzt
die **Flo|cke**, die Flocken, flockig
der **Floh**, die Flöhe
das **Floß**, die Flöße
die **Flos|se**, die Flossen
**flö|ten**, er flötet, die Flöte
**flott**
der **Fluch**, die Flüche
**flu|chen**, sie flucht
**flüch|ten**, er flüchtet, die Flucht, die Flüchtlinge
**flüch|tig**, der Flüchtigkeitsfehler
der **Flug**, die Flüge, das Flugzeug
der **Flü|gel**, die Flügel
**flüg|ge**
**flun|kern**, ich flunkere, sie flunkert
der **Flur** (Hausflur), die Flure
der **Fluss**, die Flüsse
**flüs|sig**, die Flüssigkeit
**flüs|tern**, er flüstert
die **Flut**, die Fluten, fluten
das **Foh|len**, die Fohlen
der **Föhn**, die Föhne
**föh|nen**, sie föhnt
**fol|gen**, er folgt, die Folge, folgend
die **Fo|lie**, die Folien
**fol|tern**, sie foltert, die Folter
die **Fon|tä|ne**, die Fontänen

A B C D E F G H I J K L M N O P Q R S T U V W X Y Z

foppen, er foppt
fordern, sie fordert, die Forderung
fördern, er fördert, der Förderunterricht, die Förderung, befördern
die Forelle, die Forellen
die Form, die Formen, formen
formatieren, sie formatiert
die Formel, die Formeln
das Formular, die Formulare
formulieren, sie formuliert, die Formulierung
forschen, er forscht, die Forscher, die Forschung
der Förster, die Försterin, der Forst
fort
fortfahren → *fahren*
fortgehen → *gehen*
der Fortschritt, die Fortschritte, fortschrittlich
fortsetzen, sie setzt fort, die Fortsetzung
fortwährend
das Foto, die Fotos, die Fotografie, fotografieren, die Fotografin
die Fotokopie, die Fotokopien, fotokopieren
das Foul (Regelverstoß), die Fouls, Vergleich: → faul
die Fracht, die Frachten, der Frachter, verfrachten
fragen, er fragt, die Frage
fragwürdig, fraglich
frankieren, sie frankiert
Frankreich, die Franzosen, französisch
die Franse, die Fransen
die Fratze, die Fratzen
die Frau, die Frauen
frech, die Frechheit
frei, die Freiheit, im Freien, freihändig
das Freibad, die Freibäder

freilich
der Freitag, die Freitage, freitags, am Freitag
freiwillig
die Freizeit
fremd, der Fremde, die Fremde
fressen, er frisst, es fraß, sie hat gefressen, der Fraß, gefräßig, friss!
sich freuen, sie freut sich, die Freude, freudig
der Freund, die Freunde, die Freundin, die Freundschaft
freundlich, die Freundlichkeit
der Frieden [Friede], friedlich
der Friedhof, die Friedhöfe
frieren, er friert, ich fror, sie hat gefroren, erfrieren
die Frikadelle, die Frikadellen
das Frisbee (Wurfscheibe), die Frisbees

frisch, die Frische
die Frisörin [Friseurin], die Frisöre, die Frisur, frisieren
die Frist, die Fristen, fristlos
froh, der Frohsinn
fröhlich, die Fröhlichkeit
fromm, die Frömmigkeit
Fronleichnam
die Front, die Fronten, frontal
der Frosch, die Frösche, der Froschlaich
der Frost, die Fröste, frostig, frösteln
das Frotteehandtuch, die Frotteehandtücher
die Frucht, die Früchte
fruchtbar
früh, frühestens
der Frühling, das Frühjahr
das Frühstück, frühstücken
der Frust, frustriert
der Fuchs, die Füchse
die Fuge, die Fugen

A B C D E F G H I J K L M N O P Q R S T U V W X Y Z

sich **fügen**, er fügt sich
**fühlen**, sie fühlt, der Fühler, das Gefühl
die **Fuhre**, die Fuhren, das Fuhrwerk
**führen**, er führt, die Führung, der Führer, der Führerschein
**füllen**, sie füllt, die Fülle, die Füllung, der Füller
**fummeln**, er fummelt
der **Fund**, die Funde
das **Fundament**, die Fundamente
**fünf**, fünfzehn, fünfzig, fünfmal
der **Funke** [Funken], die Funken
**funkeln**, es funkelt
**funken**, sie funkt, der Funk, der Funker
**funktionieren**, es funktioniert, die Funktion
**für**, füreinander
die **Furche**, die Furchen
**fürchten**, er fürchtet sich, die Furcht
**fürchterlich**, furchtbar
die **Fürsorge**, fürsorglich
die **Fürstin**, der Fürst, fürstlich
das **Fürwort** (Pronomen), die Fürwörter
der **Fuß**, die Füße, zu Fuß, der Fußball, der Fußgänger
**futsch** (weg)
das **Futter**
**füttern**, sie füttert, die Fütterung
das **Futur** (Zukunft)

# G

die **Gabe**, die Gaben
die **Gabel**, die Gabeln
**gackern**, sie gackert
**gaffen**, er gafft
der **Gag** (witziger Einfall), die Gags
**gähnen**, sie gähnt
die **Galaxie**, die Galaxien
der **Galgen**, die Galgen
die **Galle**, die Gallen

der **Galopp**, galoppieren
der **Gameboy**,
die Gameboys
**gammeln**, es gammelt
die **Gämse**, die Gämsen
der **Gang**, die Gänge,
die Gangschaltung
der **Gangster**,
die Gangster
der **Ganove**, die Ganoven
die **Gans**, die Gänse
**ganz**, ganze, gänzlich
**gar** (fertig gekocht),
garen
**gar**, gar nicht
die **Garage**, die Garagen
die **Garantie**,
die Garantien,
garantieren
die **Garderobe**,
die Garderoben
die **Gardine**, die Gardinen
**gären**, es gärt,
die Gärung
das **Garn**, die Garne,
das Nähgarn
**garnieren**, er garniert
die **Garnitur**,
die Garnituren
**garstig**

der **Garten**, die Gärten,
die Gärtnerin,
die Gärtnerei
das **Gas**, die Gase,
die Abgase
die **Gasse**, die Gassen,
das Gässchen
der **Gast**, die Gäste,
gastlich,
die Gaststätte
der **Gatte**, die Gatten,
die Gattin
das **Gatter**, die Gatter
der **Gaukler**, die Gaukler
der **Gaul**, die Gäule
der **Gaumen**, die Gaumen
die **Gaunerin**, die Gauner,
der Gauner
das **Gebäck**
die **Gebärde**,
die Gebärden
**gebären**, sie gebärt,
sie gebar,
sie hat geboren
das **Gebäude**,
die Gebäude
das **Gebell** [Gebelle]
**geben**, er gibt, ich
gab, sie hat
gegeben, gib!

A B C D E F G H I J K L M N O P Q R S T U V W X Y Z

das **Gebet**, die Gebete
das **Gebiet**, die Gebiete, gebieten
**gebildet**, die Gebildete
das **Gebirge**, die Gebirge, gebirgig
das **Gebiss**, die Gebisse
das **Gebläse**, die Gebläse
**geboren**, sie ist geboren
das **Gebot**, die Gebote
**gebrauchen**, er gebraucht, der Gebrauch, gebraucht
**gebrechlich**, das Gebrechen
das **Gebrüll**
die **Gebühr**, die Gebühren
die **Geburt**, die Geburten
der **Geburtstag**, die Geburtstage
das **Gebüsch**, die Gebüsche
das **Gedächtnis**, die Gedächtnisse
der **Gedanke**, die Gedanken
das **Gedeck**, die Gedecke
**gedeihen**, es gedeiht
**gedenken** → *denken*, das Gedenken
das **Gedicht**, die Gedichte
das **Gedränge**, gedrängt
die **Geduld**, geduldig
**geehrt**
**geeignet**
die **Gefahr**, die Gefahren, gefährlich, gefährden
der **Gefährte**, die Gefährten, die Gefährtin
das **Gefälle**, die Gefälle
**gefallen**, es gefällt, es gefiel, es hat gefallen
der **Gefallen**, die Gefallen
**gefällig**, die Gefälligkeit
das **Gefängnis**, die Gefängnisse, die Gefangenen
das **Gefäß**, die Gefäße
das **Gefieder**, die Gefieder, gefiedert
**gefleckt**
das **Geflügel**
das **Geflüster**, flüstern
**gefräßig**

gefroren, gefrieren
das Gefühl, die Gefühle, gefühllos, gefühlvoll
gegen, gegeneinander, gegenseitig, gegenüber
die Gegend, die Gegenden
der Gegensatz, die Gegensätze, gegensätzlich
gegenseitig
der Gegenstand, die Gegenstände
das Gegenteil
gegenüber
die Gegenwart, gegenwärtig
der Gegner, die Gegner
das Gehalt, die Gehälter
gehässig
das Gehäuse, die Gehäuse
das Gehege, die Gehege
geheim, das Geheimnis, geheimnisvoll
gehen, er geht, ich ging, sie ist gegangen, der Gang
geheuer
der Gehilfe, die Gehilfen
das Gehirn, die Gehirne
das Gehöft, die Gehöfte
das Gehör, gehörlos
gehorchen, sie gehorcht, der Gehorsam, gehorsam sein
gehören, es gehört ihr
der Geier, die Geier
die Geige, die Geigen
geil
die Geisel, die Geiseln
die Geiß (Ziege), die Geißen
der Geist (Verstand), geistig, der Geistliche
der Geist (Gespenst), die Geister
geizig, der Geiz
das Gejammer
das Gekritzel
das Gel, die Gele [Gels]
das Gelächter
gelähmt, die Gelähmte
das Gelände, die Gelände

A B C D E F G H I J K L M N O P Q R S T U V W X Y Z

das **Ge|län|der**, die Geländer
**ge|lang|weilt**
**gelb**, gelblich
das **Geld**, die Gelder
das [der] **Ge|lee**, die Gelees
die **Ge|le|gen|heit**, die Gelegenheiten, gelegentlich
**ge|lehrt**, der Gelehrte, gelehrig
das **Ge|lenk**, die Gelenke, gelenkig
**ge|liebt**, die Geliebten
**ge|lin|gen**, es gelingt, es gelang, es ist gelungen
**gel|ten**, es gilt, es galt, es hat gegolten, die Geltung
**ge|mäch|lich**
der **Ge|mahl**, die Gemahlin
das **Ge|mäl|de**, die Gemälde
**ge|mäß**
**ge|mein**, die Gemeinheit
die **Ge|mein|de**, die Gemeinden
**ge|mein|sam**, die Gemeinsamkeit
**ge|mein|schaft|lich**, die Gemeinschaft
das **Ge|mü|se**
das **Ge|müt**, die Gemüter
**ge|müt|lich**, die Gemütlichkeit
**ge|nau**, genauso, die Genauigkeit
**ge|neh|mi|gen**, sie genehmigt, die Genehmigung
**ge|neigt**
der **Ge|ne|ral**, die Generäle
die **Ge|ne|ra|ti|on**, die Generationen
der **Ge|ne|ra|tor**, die Generatoren
**ge|ni|al**
das **Ge|nick**, die Genicke
sich **ge|nie|ren** (schämen), er geniert sich
**ge|nie|ßen**, sie genießt, ich genoss, er hat genossen, der Genuss, genüsslich, genießbar
der **Ge|ni|tiv** (2. Fall, Wesfall)

die **Genossin**, die Genossen, die Genossenschaft
**genug**, genügen, genügend, es genügt, die Genugtuung
der **Genuss**, die Genüsse
die **Geografie** [Geographie]
die **Geometrie**, geometrisch
das **Gepäck**, packen, gepackt
**gerade**, geradeaus, geradezu
das **Gerät**, die Geräte
**geraten**, es gerät, es geriet, es ist geraten
**geräumig**
das **Geräusch**, die Geräusche
**gerecht**, die Gerechtigkeit
das **Gerede**
das **Gericht**, die Gerichte
**gering**
**gerinnen**, es gerinnt, es gerann, es ist geronnen
das **Gerippe**, die Gerippe
**gerissen**, die Gerissenheit
der **Germane**, die Germanen, Germanien, germanisch
**gern** [gerne], lieber, am liebsten
das **Geröll**
die **Gerste**
der **Geruch**, die Gerüche, geruchlos
das **Gerücht**, die Gerüchte
das **Gerümpel**
das **Gerüst**, die Gerüste
**gesamt**, insgesamt, die Gesamtschule
die [der] **Gesandte**, die Gesandten
der **Gesang**, die Gesänge
das **Gesäß**, die Gesäße
das **Geschäft**, die Geschäfte, geschäftlich
**geschehen**, es geschieht, es geschah, es ist geschehen, das Geschehen
**gescheit**

A B C D E F G H I J K L M N O P Q R S T U V W X Y Z

das **Ge|schenk**, die Geschenke
die **Ge|schich|te**, die Geschichten
**ge|schickt**, die Geschicklichkeit
**ge|schie|den** → *scheiden*
das **Ge|schirr**, die Geschirre
das **Ge|schlecht**, die Geschlechter
**ge|schlos|sen** → *schließen*
der **Ge|schmack**, die Geschmäcke, geschmackvoll
**ge|schmei|dig**
das **Ge|schöpf**, die Geschöpfe
das **Ge|schoss**, die Geschosse
das **Ge|schrei**
das **Ge|schütz**, die Geschütze
das **Ge|schwätz**, geschwätzig
**ge|schwind**, die Geschwindigkeit
die **Ge|schwis|ter**

**ge|schwol|len** → *schwellen*
das **Ge|schwür**, die Geschwüre
die **Ge|sel|lin**, die Gesellen
die **Ge|sell|schaft**, die Gesellschaften, gesellig
das **Ge|setz**, die Gesetze, gesetzlich, gesetzlos
das **Ge|sicht**, die Gesichter
das **Ge|spann**, die Gespanne
**ge|spannt**
das **Ge|spenst**, die Gespenster
**ge|spens|tisch** [gespenstig]
das **Ge|spräch**, die Gespräche, gesprächig
**ge|spren|kelt**
die **Ge|stalt**, die Gestalten
**ge|stal|ten**, er gestaltet
das **Ge|ständ|nis**, die Geständnisse
der **Ge|stank** → *stinken*
**ge|stat|ten**, sie gestattet
die **Ges|te**, die Gesten

gestehen → *stehen,* geständig
das **Gestein**, die Gesteine
das **Gestell**, die Gestelle
**gestern**, vorgestern
**gestreift**
das **Gestrüpp**, die Gestrüppe
**gesund**, gesünder, am gesündesten, die Gesundheit
das **Getränk**, die Getränke
das **Getreide**
**getrennt**
das **Getriebe**, die Getriebe
das **Getuschel**
das **Gewächs**, die Gewächse
**gewähren**, sie gewährt
die **Gewalt**, die Gewalten, gewaltig
das **Gewand**, die Gewänder
**gewandt** sein, die Gewandtheit
das **Gewässer**, die Gewässer
das **Gewebe**, die Gewebe
das **Gewehr**, die Gewehre

das **Geweih**, die Geweihe
das **Gewerbe**, die Gewerbe
die **Gewerkschaft**, die Gewerkschaften
**gewesen** → *sein*
das **Gewicht**, die Gewichte
das **Gewimmel**
das **Gewinde**, die Gewinde
**gewinnen**, er gewinnt, ich gewann, sie hat gewonnen, der Gewinn, der Gewinner
das **Gewirr**
**gewiss**, die Gewissheit
das **Gewissen**, die Gewissen, gewissenhaft
**gewissermaßen**
das **Gewitter**, die Gewitter, gewittrig
**gewitzt**
**gewöhnen**, sie gewöhnt, die Gewohnheit, die Gewöhnung, gewöhnlich

das **Gewölbe**, die Gewölbe, gewölbt
das **Gewühl**
das **Gewürz**, die Gewürze
die **Gezeiten** (Ebbe und Flut)
das **Gezwitscher**
der **Giebel**, die Giebel
die **Gier**, gierig
**gießen**, er gießt, ich goss, sie hat gegossen, der Guss
das **Gift**, die Gifte, giftig
**gigantisch**, der Gigant
der **Gipfel**, die Gipfel
der **Gips**, gipsen
die **Giraffe**, die Giraffen
die **Girlande**, die Girlanden
die **Gitarre**, die Gitarren
das **Gitter**, die Gitter, vergittern
der **Glanz**, glänzen, glänzend
das **Glas**, die Gläser, gläsern
die **Glasur**, die Glasuren
**glatt**, glatter [glätter], am glattesten [glättesten], die Glätte
die **Glatze**, die Glatzen
**glauben**, sie glaubt, der Glaube, gläubig
**gleich**, das Gleichgewicht, gleichgültig, gleichen, gleichfalls, gleichmäßig, gleichzeitig
das **Gleis**, die Gleise
**gleiten**, er gleitet, ich glitt, sie ist geglitten
der **Gletscher**, die Gletscher
das **Glied**, die Glieder, die Gliedmaßen
**gliedern**, er gliedert, die Gliederung
**glimmen**, es glimmt, es glomm [glimmte], es hat geglommen [geglimmt]
**glimpflich**
**glitschen**, sie glitscht, es ist glitschig
**glitzern**, es glitzert
der **Globus**, die Globen [Globusse], global
die **Glocke**, die Glocken,

das Glöckchen
glotzen, sie glotzt
das **Glück**,
der Glückwunsch,
glücklich, glücken,
glücklicherweise
die **Glucke**, die Glucken
**glühen**, es glüht,
glühend, die Glut
die **Gnade**, gnädig,
gnadenlos
der **Gockel**, die Gockel
das **Gold**, golden, goldig
das **Golf**, Golf spielen
der **Golf** (Meeresbucht)
die **Gondel**, die Gondeln
der **Gong**, die Gongs,
gongen
**gönnen**, er gönnt
das **Gör** (unerzogenes Kind),
die Gören
der **Gorilla**, die Gorillas
die **Gosse**, die Gossen
der **Gott**, die Götter,
göttlich
das **Grab**, die Gräber
**graben**, sie gräbt,
ich grub,
er hat gegraben
der **Graben**, die Gräben
der **Grad**, die Grade,
25 Grad Wärme
der **Graf**, die Grafen,
die Gräfin
der **Gram** (Kummer),
sich grämen
das **Gramm** [g], 20 Gramm
die **Grammatik**,
die Grammatiken,
grammatisch
die **Granate**,
die Granaten
der **Granit**, die Granite
**grantig**
die **Grapefruit** (Pampelmuse), die Grapefruits
das **Gras**, die Gräser,
grasen
**grässlich**
der **Grat** (Bergkamm),
die Grate
die **Gräte**, die Gräten
**gratis** (kostenlos)
die **Grätsche**,
die Grätschen
**grätschen**, er grätscht
**gratulieren**,
sie gratuliert,
die Gratulation
**grau**, gräulich

A B C D E F G H I J K L M N O P Q R S T U V W X Y Z

**grau|en**, es graut mir, das Grauen, grauenhaft, die Gräueltat

die **Grau|pel** (Hagelkorn), die Graupeln

**grau|sam**, die Grausamkeit

**grei|fen**, er greift, ich griff, sie hat gegriffen, der Griff

die **Grei|sin**, die Greise

**grell**, grelles Licht

die **Gren|ze**, die Grenzen

**Grie|chen|land**, die Griechen, griechisch

der **Grieß**, der Grießbrei

der **Griff**, die Griffe, griffig

der **Grill**, die Grills, grillen

die **Gril|le** (Insekt), die Grillen

die **Gri|mas|se**, die Grimassen

**grim|mig**

**grin|sen**, sie grinst

die **Grip|pe**

**grob**, gröber, am gröbsten

**grö|len**, er grölt

**grol|len**, sie grollt

**groß**, größer, am größten, die Größe, die Großeltern, großzügig

**groß|ar|tig**

**Groß|bri|tan|ni|en**, die Briten, britisch

die **Grot|te**, die Grotten

das **Grüb|chen**, die Grübchen

die **Gru|be**, die Gruben

**grü|beln**, er grübelt

die **Gruft**, die Grüfte

**grün**, grünlich

der **Grund**, die Gründe

**grün|den**, sie gründet, die Gründung

**gründ|lich**

**grund|sätz|lich**, der Grundsatz

die **Grund|schu|le**, die Grundschulen, die Grundschüler

das **Grund|stück**, die Grundstücke

**grun|zen**, es grunzt

die **Grup|pe**, die Gruppen

sich **gru|seln**, er gruselt sich

der **Gruß**, die Grüße

**grüßen**, sie grüßt
die **Grütze**, die Grützen
**gucken** [kucken], er guckt, das Guckloch
das [der] **Gulasch**, die Gulasche [Gulaschs]
die **Gülle** (Jauche)
der [das] **Gully**, die Gullys
**gültig**, die Gültigkeit
der [das] **Gummi**, die Gummis, der [das] Gummitwist
**günstig**, die Gunst
**gurgeln**, ich gurgle [gurgele], sie gurgelt, die Gurgel
die **Gurke**, die Gurken
**gurren**, die Taube gurrt
der **Gurt**, die Gurte, gurten
der **Gürtel**, die Gürtel
der **Guss**, die Güsse
**gut**, besser, am besten, etwas Gutes tun, alles Gute
das **Gut**, die Güter
**gütig**, die Güte
das **Gymnasium**, die Gymnasien
die **Gymnastik**

# H

das **Haar**, die Haare, das Härchen, haaren, haarig, der Haarschnitt
das **Hab und Gut**
**haben**, er hat, ich hatte, sie hat gehabt
**habgierig**, die Habgier
der **Habicht**, die Habichte
die **Hachse** [Haxe], die Hachsen
die **Hacke** [der Hacken] (Ferse), die Hacken
die **Hacke** (Werkzeug), die Hacken
**hacken**, sie hackt Holz
der **Hafen**, die Häfen
der **Hafer**, die Haferflocken
die **Haft**, der Häftling
**haften**, er haftet, verhaften
die **Hagebutte**, die Hagebutten
der **Hagel**, hageln

A B C D E F G H I J K L M N O P Q R S T U V W X Y Z

hager
der **Hahn**, die Hähne
der **Hai**, die Haie
**häkeln**, sie häkelt
der **Haken**, die Haken
**halb**, halb zwei, halb voll, halbieren, halbjährig, halbtags, der Halbmond
die **Halde**, die Halden
die **Hälfte**, die Hälften
die **Halle**, die Hallen
**hallen**, es hallt
die **Hallig**, die Halligen
**hallo**
**Halloween** (31. Oktober)
der **Halm**, die Halme
die **Halogenlampe**, die Halogenlampen
der **Hals**, die Hälse
**halten**, er hält, ich hielt, sie hat gehalten, haltbar, die Haltestelle
der **Halunke**, die Halunken
**Hamburg**, die Hamburger, hamburgisch
**hämisch**, die Häme

der **Hammel**, die Hammel
der **Hammer**, die Hämmer, hämmern, ich hämmere
**hampeln**, sie hampelt
der **Hamster**, die Hamster, hamstern
die **Hand**, die Hände, die Handwerkerin, handlich
**handeln**, er handelt, die Handlung, der Händler
das **Handy**, die Handys
der **Hang**, die Hänge
**hängen**, das Bild hängt an der Wand, es hing an der Wand, es hat gehangen
**hängen**, er hängt das Bild an die Wand, ich hängte, sie hat es an die Wand gehängt
**Hannover**
**hänseln**, sie hänselt
**hantieren**, er hantiert
der **Happen**, die Happen
**happy** (glücklich)
die **Hardware**, die Hardwares

die **Harke**, die Harken, harken

**harmlos**

**harmonisch**, die Harmonie

der **Harn**, die Harnblase

der **Harnisch** (Brustpanzer), die Harnische

die **Harpune**, die Harpunen

**hart**, härter, am härtesten, die Härte, hartnäckig

das **Harz** (am Baum), die Harze, harzig

**haschen** (fangen), sie hascht

der **Hase**, die Hasen, das Häschen

die **Haselnuss**, die Haselnüsse

**hassen**, er hasst, der Hass

**hässlich**, die Hässlichkeit

du **hast** → *haben*

die **Hast**, hastig, hasten

sie **hat**, er hatte → *haben*

der **Hattrick**, die Hattricks

die **Haube**, die Hauben

der **Hauch**, hauchen

**hauen**, sie haut

der **Haufen**, die Haufen

**häufig**

das **Haupt**, die Häupter

der **Häuptling**, die Häuptlinge

**hauptsächlich**, die Hauptsache

die **Hauptstadt**, die Hauptstädte

das **Haus**, die Häuser, haushoch, hausen, das Zuhause, zu Hause [zuhause] sein, nach Hause [nachhause], die Hausaufgaben

die **Haut**, die Häute

die **Hebamme**, die Hebammen

der **Hebel**, die Hebel

**heben**, er hebt, ich hob, sie hat gehoben

der **Hecht**, die Hechte

das **Heck**, die Hecks [Hecke], die Heckscheibe

die **Hecke** (aus Sträuchern), die Hecken

A B C D E F G H I J K L M N O P Q R S T U V W X Y Z

das **Heer**, die Heere
die **He|fe**, der Hefeteig
das **Heft**, die Hefte, heften
**hef|tig**, die Heftigkeit
**he|gen** und pflegen
die **Hei|de**, die Heiden
die **Hei|del|bee|re**, die Heidelbeeren
**hei|kel**
**heil**, heilen, die Heilung, der Heiland
**hei|lig**, der Heilige, der Heilige Abend
**heil|los**
das **Heim**, die Heime, das Heimweh, ich fahre heim
die **Hei|mat**, heimatlich, heimatlos
**heim|lich**, die Heimlichkeit
das **Hein|zel|männ|chen**, die Heinzelmännchen
**hei|ra|ten**, er heiratet, die Heirat
**hei|ser**, die Heiserkeit
**heiß**, heißer, am heißesten
**hei|ßen**, er heißt, ich hieß, sie hat geheißen
**hei|ter**, die Heiterkeit
**hei|zen**, sie heizt, die Heizung, das Heizöl
die **Hek|tik**, hektisch
der [das] **Hek|to|li|ter** [hl], die Hektoliter
der **Held**, die Helden
**hel|fen**, er hilft, ich half, sie hat geholfen, die Hilfe
**hell**, die Helligkeit
der **Helm**, die Helme
**Hel|sin|ki** (Hauptstadt von Finnland)
das **Hemd**, die Hemden
**hem|men**, sie hemmt, die Hemmung
der **Hengst**, die Hengste
der **Hen|kel**, die Henkel
die **Hen|ne**, die Hennen
**her**, hin und her, herab, heran, herauf, heraus
**herb**
die **Her|ber|ge**, die Herbergen
der **Herbst**, herbstlich
der **Herd**, die Herde
die **Her|de**, die Herden

herein, hereinkommen
der Hering, die Heringe
der Herr, die Herren
herrlich, die Herrlichkeit
herrschen, er herrscht, die Herrschaft, die Herrscherin
herstellen, sie stellt her, die Herstellung
herüber
herum
herunter
hervor, hervorragend
das Herz, die Herzen, herzlich, die Herzlichkeit, herzhaft
die Herzogin, die Herzöge
Hessen, die Hessen, hessisch
hetzen, sie hetzt, die Hetze
das Heu, die Heuschrecke
heucheln, er heuchelt
heuer (in diesem Jahr)
die Heuer (Lohn für Seeleute)
heulen, sie heult
heute, heute Morgen

die Hexe, die Hexen, hexen, verhext
der Hieb, die Hiebe
hier, hieran, hierauf, hierbei, hierdurch, hierher, hiermit, hierzu, hierbleiben
die Hieroglyphen (alte Schriftzeichen)
hiesig
die Hilfe, die Hilfen, hilfsbereit, hilflos
die Himbeere, die Himbeeren
der Himmel, himmlisch
hin, hinab, hinauf, hinaus, hingegen, hinsetzen, hinweg, die Hinsicht
hindern, er hindert, das Hindernis, verhindern
hindurch
hinein
hinken, sie hinkt
hinten
hinter, hintereinander, hinterher, hinterlistig, der Hintergrund
der Hintern, die Hintern

hinüber, hinunter
der Hinweis, die Hinweise
hinzu
das Hirn, die Hirne
der Hirsch, die Hirsche
der Hirt [Hirte], die Hirten
der Hit, die Hits, die Hitparade
die Hitze, hitzefrei, hitzig
das Hobby, die Hobbys
der Hobel, die Hobel, hobeln
hoch, höher, am höchsten, der hohe Turm
höchstens
die Hochzeit, die Hochzeiten
hocken, er hockt, die Hocke
der Hocker, die Hocker
das Hockey, Hockey spielen
der Hoden, die Hoden
der Hof, die Höfe, das Gehöft
hoffen, sie hofft, die Hoffnung
hoffentlich
höflich, die Höflichkeit
die Höhe, die Höhen
hohl
die Höhle, die Höhlen
der Hohn, verhöhnen
der Hokuspokus
holen, er holt
Holland, die Holländer, holländisch
die Hölle, die Höllen
holprig [holperig], holpern
der Holunder
das Holz, die Hölzer
die Homepage (Internetseite), die Homepages
der Honig, die Honige
der Hopfen
hoppeln, er hoppelt
hoppla
hopsen, sie hopst
horchen, er horcht
die Horde, die Horden
hören, sie hört, hörbar, der Hörer
der Horizont, horizontal
das Horn, die Hörner
die Hornisse, die Hornissen
das Horoskop,

die Horoskope
der **Hort**, die Horte
**horten**,
er hortet Vorräte
die **Hose**, die Hosen
das **Hospital**, die Hospitale [Hospitäler]
die **Hostie**, die Hostien
das [der] **Hotdog** [Hot Dog], die Hotdogs
das **Hotel**, die Hotels
**hübsch**
der **Hubschrauber**, die Hubschrauber
**huckepack**
der **Huf**, die Hufe
die **Hüfte**, die Hüften
der **Hügel**, die Hügel, hügelig [hüglig]
das **Huhn**, die Hühner
die **Hülle**, die Hüllen, enthüllen
die **Hülse**, die Hülsen
die **Hummel**, die Hummeln
der **Humor**, humorlos, humorvoll
**humpeln**, sie humpelt
der **Humus**, der Humusboden

der **Hund**, die Hunde
**hundert**, ein Hunderter, zweihundert, hundertmal
der **Hunger**, hungern, hungrig
die **Hupe**, die Hupen, hupen
**hüpfen**, er hüpft
die **Hürde**, die Hürden
**hurra**, Hurra schreien [hurra schreien]
**huschen**, sie huscht
der **Husten**, husten
der **Hut**, die Hüte
**hüten**, er hütet, behüten, auf der Hut sein
die **Hütte**, die Hütten
die **Hyäne**, die Hyänen
die **Hyazinthe**, die Hyazinthen
der **Hydrant**, die Hydranten
die **Hygiene**, hygienisch
die **Hymne**, die Hymnen, die Nationalhymne

A B C D E F G H I J K L M N O P Q R S T U V W X Y Z

# I

der **ICE** [Intercityexpresszug], die ICEs [ICE]

**ich**

**ideal**, das Ideal

die **Idee**, die Ideen

der **Idiot**, die Idioten, die Idiotin, idiotisch

das **Idol**, die Idole

das **Idyll**, die Idylle, idyllisch

der **Igel**, die Igel

der [das] **Iglu**, die Iglus

**ihm**, gib ihm das Buch

**ihn**, sie mag ihn

**ihnen**, gib ihnen die Teller

**ihr**, ihre Uhr, ihr Koffer

die **Illustrierte**, die Illustrierten

**im** (in dem), im Garten

der **Imbiss**, die Imbisse

die **Imkerin**, die Imker

**immer**, immerhin, immerzu, immer noch, immer wieder

der **Imperativ** (Befehlsform)

das **Imperfekt** (Vergangenheitsform)

**impfen**, sie impft, die Impfung

**imponieren**, er imponiert ihr, imposant

**imstande** sein [im Stande sein]

**in**, in der Tasche

der **Indianer**, die Indianer

die **Industrie**, die Industrien

**ineinander**

die **Infektion**, die Infektionen, der Infekt

der **Infinitiv** (Grundform des Verbs), die Infinitive

**infolge**, infolgedessen

die **Information**, die Informationen, informieren

der **Ingenieur**, die Ingenieure

die **Inhaberin**, die Inhaber

der **Inhalt**, die Inhalte, das Inhaltsverzeichnis

die **Inlineskates** [Inliner]

inmitten
innen, innerhalb,
innerlich
innig
ins (in das), ins Haus
der Insasse, die Insassen
insbesondere
das Insekt, die Insekten
die Insel, die Inseln
das Inserat, die Inserate,
inserieren
insgesamt
insofern
die Inspektorin,
die Inspektoren
der Installateur,
die Installateure,
die Installationen
instand [in Stand]
setzen
der Instinkt, die Instinkte
das Institut, die Institute
das Instrument,
die Instrumente
intelligent,
die Intelligenz
intensiv
interessant,
interessieren,
das Interesse

das Internat, die Internate
international
das Internet
das Interview,
die Interviews,
interviewen
die Inuit (Eskimos)
der Invalide, die Invaliden
inzwischen
irgend, irgendein,
irgendwann,
irgendwo, irgendwie,
irgendjemand
die Iris (Teil des Auges)
Irland, die Iren, irisch
die Ironie, ironisch
irren, sie irrt,
der Irrtum, irrtümlich,
irreführen, der Irre
der Islam, islamisch
Island, die Isländer,
isländisch
Israel, die Israelis,
israelisch
die Isolation, isolieren
er isst → *essen*
sie ist → *sein*, er ist nett
Italien, die Italiener,
italienisch

# J

**Ja**, Ja [ja] sagen, jawohl
die **Jacht** [Yacht], die Jachten
die **Jacke**, die Jacken
**jagen**, sie jagt, die Jagd
die **Jägerin**, die Jäger
der **Jaguar**, die Jaguare
**jäh**, der Jähzorn
das **Jahr**, die Jahre, jährlich, jahrelang, zweijährig
der **Jahrmarkt**, die Jahrmärkte
die **Jalousie**, die Jalousien
der **Jammer**, jammern, jämmerlich
der **Januar**
**Japan**, die Japaner, japanisch
**japsen**, er japst
**jäten**, sie jätet
die **Jauche**, die Jauchegrube
**jauchzen**, er jauchzt
**jaulen**, sie jault
**jawohl**
der **Jazz**, die Jazzmusiker, jazzen
**je**, je Person
die **Jeans**, die Jeans
**jede**, jeder, jedes
**jederzeit**, jedenfalls, jedes Mal
**jedoch**
der **Jeep** (Geländewagen), die Jeeps
**jeher**, seit jeher
**jemals**
**jemand**, jemanden
**jene**, jener, jenes
**jenseits**
**Jesus Christus**
der **Jet** (Düsenflugzeug), die Jets, der Jumbojet
**jetzt**
**jeweils**
der **Job** (Arbeit), die Jobs, jobben
das **Jod**
**jodeln**, er jodelt
das [der] **Joga** [Yoga]
**joggen** (langsam laufen)

sie joggt, das Joggen, die Jogger
der [das] **Joghurt** [Jogurt], die Joghurts
die **Johannisbeere**, die Johannisbeeren
**johlen**, er johlt, das Gejohle
das **Jo-Jo** [Yo-Yo], die Jo-Jos
der **Joker**, die Joker
**jonglieren**, sie jongliert
der **Journalist**, die Journalisten
**jubeln**, er jubelt, der Jubel, jubilieren
das **Jubiläum**, die Jubiläen
**jucken**, sie juckt sich
das **Judentum**, die Juden, jüdisch
das **Judo**
die **Jugend**, die Jugendlichen, jugendlich
der **Juli**
**jung**, jünger, am jüngsten
der **Junge**, die Jungen
das **Junge** (Tierkind), die Jungen
der **Juni**
der **Junior**, die Junioren, die Juniorin, die Juniorinnen
der **Jupiter** (Planet)
der **Jurist**, die Juristen
die **Jury** (Preisgericht)
das [der] **Juwel**, die Juwelen
der **Juwelier**, die Juweliere
der **Jux** (Spaß)

# K

das **Kabel**, die Kabel
die **Kabine**, die Kabinen
die **Kachel**, die Kacheln, kacheln
der **Käfer**, die Käfer
der **Kaffee**, Vergleich: → Café
der **Käfig**, die Käfige
**kahl**
der **Kahn**, die Kähne

A B C D E F G H I J **K** L M N O P Q R S T U V W X Y Z

der **Kai** [Quai] (Ufermauer), die Kais
die **Kaiserin**, die Kaiser, der Kaiser, kaiserlich
der [das] **Kajak**, die Kajaks
die **Kajüte**, die Kajüten
der **Kakao**
der **Kaktus**, die Kakteen
das **Kalb**, die Kälber
der **Kalender**, die Kalender
der **Kalk**, kalken [kälken]
die **Kalorie**, die Kalorien
**kalt**, kälter, am kältesten, die Kälte
das **Kamel**, die Kamele
die **Kamera**, die Kameras
der **Kamerad**, die Kameraden
die **Kamille**, der Kamillentee
der **Kamin**, die Kamine
der **Kamm**, die Kämme
**kämmen**, er kämmt
die **Kammer**, die Kammern
der **Kampf**, die Kämpfe
**kämpfen**, sie kämpft
**Kanada**, die Kanadier, kanadisch
der **Kanal**, die Kanäle, die Kanalisation
der **Kanarienvogel**, die Kanarienvögel
der **Kandidat**, die Kandidaten
das **Känguru**, die Kängurus
das **Kaninchen**, die Kaninchen
der **Kanister**, die Kanister
die **Kanne**, die Kannen
der **Kanon**, die Kanons
die **Kanone**, die Kanonen
die **Kante**, die Kanten, kantig
die **Kantine**, die Kantinen
das **Kanu**, die Kanus
die **Kanzel**, die Kanzeln
die **Kanzlerin**, die Kanzler, der Kanzler
die **Kapelle**, die Kapellen
**kapieren**, er kapiert
der **Kapitän**, die Kapitäne
das **Kapitel**, die Kapitel
der **Kaplan**, die Kapläne
die **Kappe**, die Kappen
die **Kapsel**, die Kapseln

**kaputt**, kaputt machen
die **Kapuze**, die Kapuzen
die **Karambolage**, die Karambolagen
das **Karate**
die **Karawane**, die Karawanen
der **Kardinal**, die Kardinäle
der **Karfreitag**, die Karfreitage
**karg**, kärglich
**kariert**, das Karo
die **Karies**, kariös
der **Karneval** (Fastnacht)
das **Karnickel**, die Karnickel
das **Karo**, die Karos
die **Karosserie**, die Karosserien
die **Karotte**, die Karotten
der **Karpfen**, die Karpfen
die **Karre** [der Karren], die Karren, karren
die **Karriere**, die Karrieren
die **Karte**, die Karten
die **Kartei**, die Karteien
die **Kartoffel**, die Kartoffeln
der **Karton**, die Kartons
das **Karussell**, die Karussells [Karusselle]
der **Käse**, die Käse
die **Kaserne**, die Kasernen
der **Kasper**, die Kasper, das Kasperletheater
die **Kasse**, die Kassen
die **Kassette**, die Kassetten
**kassieren**, er kassiert
die **Kastanie**, die Kastanien
der **Kasten**, die Kästen [Kasten]
der **Kat** (Katalysator), die Kats
der **Katalog**, die Kataloge
die **Katastrophe** (Unglück), die Katastrophen, katastrophal
der **Kater**, die Kater
die **Kathedrale**, die Kathedralen
**katholisch** [kath.], die Katholiken
die **Katze**, die Katzen
**kauen**, sie kaut

A B C D E F G H I J K L M N O P Q R S T U V W X Y Z

kauern, er kauert
kaufen, sie kauft, der Kauf, die Käufer, käuflich
die Kaulquappe, die Kaulquappen
kaum
der Kauz, die Käuze
keck
der Kegel, die Kegel, kegeln
die Kehle, die Kehlen
kehren, er kehrt
kehrtmachen
keifen, sie keift
der Keil, die Keile
die Keilerei, die Keilereien, keilen
der Keim, die Keime, keimen, der Keimling
kein, keine, keiner, keines [keins], keinmal, keinerlei
keinesfalls, keineswegs
der [das] Keks, die Keks [Kekse]
der Kelch, die Kelche
die Kelle, die Kellen
der Keller, die Keller
die Kellnerin, die Kellner, der Kellner
kennen, er kennt, ich kannte, sie hat gekannt, die Kenntnis, das Kennzeichen
kennenlernen [kennen lernen]
kentern, es kentert
die Keramik, die Keramiken
die Kerbe, die Kerben
der Kerker, die Kerker
der Kerl, die Kerle
der Kern, die Kerne, kernig
die Kerze, die Kerzen, kerzengerade
der Kescher [Käscher] (Fangnetz), die Kescher
der Kessel, die Kessel
das [der] Ketchup [Ketschup]
die Kette, die Ketten
keuchen, sie keucht
die Keule, die Keulen
das Keyboard (Instrument), die Keyboards
das Kfz (Kraftfahrzeug)

kichern, er kichert
das Kickboard, die Kickboards
kicken, sie kickt
der Kidnapper, die Kidnapper
kiebig (frech, zänkisch)
der Kiebitz, die Kiebitze, kiebitzen
der Kiefer (Knochen), die Kiefer
die Kiefer (Nadelbaum), die Kiefern
Kiel (Hauptstadt von Schleswig-Holstein)
die Kieme, die Kiemen
der Kies, die Kiese, der Kiesel
Kiew (Hauptstadt der Ukraine)
das Kilo, die Kilos, das Kilogramm [kg]
der Kilometer [km], die Kilometer
das Kind, die Kinder, kindlich, die Kindheit
das Kinn, die Kinne
das Kino, die Kinos
der Kiosk, die Kioske
kippen, er kippt, die Kippe
die Kirche (Gotteshaus), die Kirchen
die Kirmes
die Kirsche, die Kirschen, die Sauerkirsche
das Kissen, die Kissen
die Kiste, die Kisten
der Kitsch, kitschig
der Kitt, die Kitte, kitten
der Kittel, die Kittel
das Kitz, die Kitze
kitzeln, sie kitzelt, kitzelig [kitzlig]
die Kiwi, die Kiwis
die Kladde, die Kladden
kläffen, der Hund kläfft
klagen, sie klagt, die Klage, kläglich
klamm
die Klammer, die Klammern
klammern, er klammert
die Klamotten
der Klang, die Klänge
die Klappe, die Klappen, klappen, aufklappen, klapprig

A B C D E F G H I J K L M N O P Q R S T U V W X Y Z

klap|pern, sie klappert, die Klapperschlange
der Klaps, die Klapse
klar, klären, erklären, die Klarheit, die Kläranlage
die Kla|ri|net|te, die Klarinetten
die Klas|se, die Klassen, die Klassenlehrerin, das ist klasse
die Klas|sik, klassisch
der Klatsch (Geschwätz)
klat|schen, er klatscht
die Klaue (Kralle), die Klauen
klau|en, sie klaut
das Kla|vier, die Klaviere
kle|ben, er klebt, klebrig, der Kleber, der Klebstoff
kle|ckern, sie kleckert
der Klecks, die Kleckse, klecksen
der Klee, das Kleeblatt
das Kleid, die Kleider, die Kleidung, kleiden
klein, kleinlich, die Kleinigkeit, das Kleingeld
der Kleis|ter, die Kleister
klem|men, es klemmt, in der Klemme sein
der Klemp|ner, die Klempner
die Klet|te, die Kletten
klet|tern, sie klettert
das Kli|ma, klimatisiert
der Klimm|zug, die Klimmzüge
klim|pern, sie klimpert
die Klin|ge, die Klingen
die Klin|gel, die Klingeln, klingeln
klin|gen, es klingt, es klang, es hat geklungen, der Klang
die Kli|nik, die Kliniken
die Klin|ke, die Klinken
die Klip|pe, die Klippen
klir|ren, es klirrt
klit|ze|klein
das Klo, die Klos, das Klosett
klö|nen (plaudern), sie klönt
klop|fen, es klopft
der Klops, die Klopse
der Kloß, die Klöße
das Klos|ter, die Klöster

der **Klotz**, die Klötze
der **Klub** [Club], die Klubs
**klug**, klüger, am klügsten, die Klugheit
der **Klum|pen**, die Klumpen
**knab|bern**, er knabbert
der **Kna|be**, die Knaben
das **Knä|cke|brot**, die Knäckebrote
**kna|cken**, es knackt, der Knacks
**knal|len**, es knallt, der Knall
**knapp**, die Knappheit
der **Knap|pe**, die Knappen
**knar|ren**, es knarrt
der **Knatsch** (Streit)
**knat|tern**, es knattert
der [das] **Knäu|el**, die Knäuel
**knau|sern**, sie knausert, knauserig [knausrig]
der **Kne|bel**, die Knebel, knebeln
der **Knecht**, die Knechte
**knei|fen**, sie kneift, ich kniff, er hat gekniffen
die **Knei|pe**, die Kneipen
**kne|ten**, sie knetet, die Knete, das Knetgummi
**kni|cken**, er knickt, der Knick
der **Knicks**, die Knickse, knicksen
das **Knie**, die Knie, knien
**knif|fe|lig** [knifflig], der Kniff
**knip|sen**, sie knipst, anknipsen
der **Knirps**, die Knirpse
**knir|schen**, es knirscht
**knis|tern**, es knistert
**knit|tern**, es knittert, knitterfrei
**kno|beln**, er knobelt
der **Knob|lauch**
der **Knö|chel**, die Knöchel
der **Kno|chen**, die Knochen, knochig
der **Knö|del**, die Knödel
die **Knol|le**, die Knollen
der **Knopf**, die Knöpfe, knöpfen
der **Knor|pel**, die Knorpel, knorpelig [knorplig]
**knor|rig**
die **Knos|pe**, die Knospen
der **Kno|ten**, die Knoten

knolten, sie knotet
knüllen, er knüllt, zerknüllen
knüplfen, sie knüpft
der Knüplpel, die Knüppel
knurlren, er knurrt
knuslpelrig [knusprig], knuspern
k.o. (knock-out), k.o. schlagen
der Kolbel, die Kobel
der Kolbold, die Kobolde
die Kolblra, die Kobras
kolchen, sie kocht, der Koch, die Köche, kochend heiß
der Kölder, die Köder
der Koflfer, die Koffer
der Kohl, der Kohlrabi
die Kohlle, die Kohlen
die Kohllenlhydlralte [Kohlehydrate]
die Kolje, die Kojen
die Kolkoslnuss, die Kokosnüsse
der Koks, die Kokse, der Koksofen
der Kollben, die Kolben
die Kollik, die Koliken
die Kolllelgin, die Kollegen
die Kollonlne, die Kolonnen
der Kolloss, die Kolosse, kolossal
der Komlbi, die Kombis
komlbilnielren, er kombiniert
der Kolmet, die Kometen
komlforltalbel, der Komfort
kolmisch, der Komiker
das Komlma, die Kommas [Kommata]
komlmanldielren, sie kommandiert, das Kommando
komlmen, er kommt, ich kam, sie ist gekommen
der Komlmenltar, die Kommentare, kommentieren
der Komlmislsar, die Kommissare
die Komlmislsilon, die Kommissionen
die Komlmolde, die Kommoden
die Komlmulnilon, die Kommunionen

der **Kommunismus**,
die Kommunistin,
kommunistisch
**kommunizieren**,
er kommuniziert,
die Kommunikation
die **Komödie**,
die Komödien
die **Kompanie**,
die Kompanien
der **Kompass**,
die Kompasse
**komplett**
das **Kompliment**,
die Komplimente
**kompliziert**
die **Komponistin**,
die Komponisten,
komponieren
der **Kompost**,
die Komposte
das **Kompott**,
die Kompotte
der **Kompromiss**,
die Kompromisse
die **Kondensmilch**
die **Kondition**
der **Konditor**,
die Konditoren,
die Konditorei

der [das] **Kondom**,
die Kondome
die **Konferenz**,
die Konferenzen
die **Konfession**,
die Konfessionen
das **Konfetti**
die **Konfirmation**,
der Konfirmand,
die Konfirmandin
die **Konfitüre**,
die Konfitüren
der **Konflikt**, die Konflikte
die **Königin**, die Könige,
der König, königlich
die **Konkurrenz**,
die Konkurrenzen,
konkurrieren
**können**, sie kann,
ich konnte,
er hat gekonnt
der **Konrektor**,
die Konrektoren
die **Konserve**,
die Konserven
der **Konsonant** (Mitlaut),
die Konsonanten
**konstruieren**,
er konstruiert,
die Konstruktion

der Konsum, konsumieren
der Kontakt, die Kontakte
der Kontinent, die Kontinente
das Konto, die Konten
kontra [contra] (gegen)
die Kontrolle, die Kontrollen, kontrollieren
die Konzentration, sich konzentrieren
das Konzert, die Konzerte
Kopenhagen (Hauptstadt von Dänemark)
der Kopf, die Köpfe, kopflos
kopieren, sie kopiert, die Kopie, der Kopierer
die Koralle, die Korallen
der Koran
der Korb, die Körbe
die Kordel, die Kordeln
der Korken, die Korken
das Korn, die Körner
der Körper, die Körper
korrekt (richtig), die Korrektur
der Korridor, die Korridore
korrigieren, er korrigiert
die Kosmetik, kosmetisch
der Kosmos, kosmisch, der Kosmonaut
die Kost (Nahrung), köstlich, kosten, er kostet
die Kosten, kostenlos, kostbar, kostspielig, kosten, es kostet
das Kostüm, die Kostüme, kostümieren
der Kot
das Kotelett, die Koteletts
der Köter, die Köter
der Kotflügel, die Kotflügel
kotzen, sie kotzt
die Krabbe, die Krabben
krabbeln, es krabbelt
der Krach, krachen
krächzen, er krächzt, krächzend
die Kraft, die Kräfte, kräftig
der Kragen, die Kragen [Krägen]
die Krähe, die Krähen
krähen, er kräht
krakeelen,

sie krakeelt
die **Kralle**, die Krallen, krallen
der **Kram**, kramen
der **Krampf**, die Krämpfe, krampfhaft, verkrampft
der **Kran**, die Kräne
der **Kranich**, die Kraniche
**krank**, die Kranke, die Krankheit, das Krankenhaus
**kränken**, sie kränkt
der **Kranz**, die Kränze
der **Krapfen**, die Krapfen
**krass**, krasser, am krassesten
der **Krater**, die Krater
**kratzen**, er kratzt, der Kratzer
**kraulen**, sie krault
**kraus**, krauses Haar, kräuseln
das **Kraut**, die Kräuter, das Unkraut
der **Krawall**, die Krawalle
die **Krawatte**, die Krawatten
**kraxeln**, er kraxelt
**kreativ**, die Kreativität

der **Krebs**, die Krebse
der **Kredit**, die Kredite
die **Kreide**, die Kreiden, kreidebleich
der **Kreis**, die Kreise, kreisen, kreisrund
**kreischen**, sie kreischt
der **Kreisel**, die Kreisel
die **Krem** [Creme, Kreme], die Krems, einkremen
der **Krempel**
das **Krepppapier** [Krepp-Papier]
das **Kreuz**, die Kreuze, kreuzen, die Kreuzigung
die **Kreuzung**, die Kreuzungen
**kribbeln**, es kribbelt
**kriechen**, er kriecht, es kroch, sie ist gekrochen
der **Krieg**, die Kriege, kriegerisch
**kriegen**, sie kriegt
der **Krimi**, die Krimis, die Kriminalpolizei, kriminell
der **Kringel**, die Kringel

A B C D E F G H I J K L M N O P Q R S T U V W X Y Z

die **Krippe**, die Krippen
die **Krise**, die Krisen
der **Kristall**, die Kristalle
die **Kritik**, die Kritiken, kritisch, kritisieren
**kritzeln**, sie kritzelt, die Kritzelei
**Kroatien**, die Kroaten, kroatisch
die **Krokette**, die Kroketten
das **Krokodil**, die Krokodile
der **Krokus**, die Krokusse
die **Krone**, die Kronen, krönen
**kross** (knusprig)
die **Kröte**, die Kröten
die **Krücke**, die Krücken
der **Krug**, die Krüge
der **Krümel**, die Krümel, krümeln, die Krume
**krumm**, die Krümmung
der **Krüppel**, die Krüppel
die **Kruste**, die Krusten
das **Kruzifix**, die Kruzifixe
der **Kübel**, die Kübel
die **Küche**, die Küchen
der **Kuchen**, die Kuchen
der **Kuckuck**, die Kuckucke
die **Kufe**, die Kufen
die **Kugel**, die Kugeln, kuglig [kugelig], der Kugelschreiber
die **Kuh**, die Kühe
**kühl**, kühlen, die Kühlung, der Kühlschrank
die **Kuhle** (Grube), die Kuhlen
**kühn**, die Kühnheit
das **Küken**, die Küken
der **Kuli** (Kugelschreiber), die Kulis
die **Kulisse**, die Kulissen
**kullern**, es kullert
die **Kultur**, die Kulturen, kulturell
der **Kümmel**
der **Kummer**, sich kümmern
**kümmerlich**
der **Kumpel**, die Kumpel
der **Kunde** (Käufer), die Kunden, die Kundschaft
die **Kunde** (Nachricht/Wissen), kundig
**kündigen**, sie kündigt,

die Kündigung
künftig
die **Kunst**, die Künste, die Künstler, das Kunstwerk
**künstlich**, der Kunststoff
**kunterbunt**
das **Kupfer**, kupfern
die **Kuppe**, die Kuppen, Fingerkuppe
die **Kuppel**, die Kuppeln, Kirchenkuppel
die **Kupplung**, die Kupplungen, kuppeln
die **Kur**, die Kuren, der Kurort
die **Kurbel**, die Kurbeln, kurbeln
der **Kürbis**, die Kürbisse
der **Kurier**, die Kuriere
**kurios** (seltsam)
der **Kurs**, die Kurse
die **Kurve**, die Kurven, kurvig, kurven
**kurz**, kürzer, am kürzesten, die Kürze, die Kürzung, kürzlich, in Kürze, kurzsichtig

**kuscheln**, er kuschelt
die **Kusine** [Cousine], die Kusinen
der **Kuss**, die Küsse, küssen
die **Küste**, die Küsten
die **Küsterin** (Kirchendienerin), der Küster
die **Kutsche**, die Kutschen, kutschieren
der **Kutter**, die Kutter
das **Kuvert** (Briefumschlag), die Kuverts

# L

das **Labor**, die Labors [Labore], das Laboratorium
das **Labyrinth**, die Labyrinthe
**lachen**, sie lacht, das Lachen, lachhaft, lächeln, lächerlich
der **Lachs**, die Lachse

A B C D E F G H I J K L M N O P Q R S T U V W X Y Z

A B C D E F G H I J K L M N O P Q R S T U V W X Y Z

der **Lack**, die Lacke,
lackieren,
die Lackierung

**laden**, er lädt, ich lud,
sie hat geladen,
die Ladung

der **Laden** (Geschäft),
die Läden [Laden]

die **Lage**, die Lagen

das **Lager**, die Lager,
lagern

**lahm**, gelähmt,
die Lähmung

der **Laib**, die Laibe,
ein Laib Brot,
Vergleich: → Leib

**Laibach** (Hauptstadt von Slowenien)

der **Laich**, laichen,
der Froschlaich

der **Laie**, die Laien

das **Laken**, die Laken

die **Lakritze** [der [das] Lakritz], die Lakritzen [Lakritze]

**lallen**, sie lallt

das **Lama**, die Lamas

das **Lametta**

das **Lamm**, die Lämmer

die **Lampe**, die Lampen

der [das] **Lampion**,
die Lampions

das **Land**, die Länder,
ländlich,
die Landschaft,
die Landwirtschaft

**landen**, er landet,
die Landung

**lang**, länger, am längsten, die Länge,
länglich, langärmelig

die **Langeweile**,
langweilig

**langsam**,
die Langsamkeit

**längst** (schon lange)

die **Lanze**, die Lanzen

der **Lappen**, die Lappen

**läppisch**

der [das] **Laptop**,
die Laptops

die **Lärche** (Nadelbaum),
die Lärchen,
Vergleich: → Lerche

der **Lärm**, lärmen

die **Larve**, die Larven

die **Lasche**, die Laschen

der **Laser**, die Laser

**lassen**, sie lässt, ich ließ, er hat gelassen,

lass!
läs|sig
das [der] Las|so, die Lassos
die Last, die Lasten
der Las|ter (Lastwagen), die Laster
das Las|ter (Untugend), die Laster
läs|tern, er lästert
läs|tig, belästigen
der Last|wa|gen, die Lastwagen
das La|tein, lateinisch
die La|ter|ne, die Laternen
lat|schen, sie latscht, die Latschen
die Lat|te, die Latten
der Latz, die Lätze, das Lätzchen
lau, lauwarm
das Laub, der Laubbaum
die Lau|be, die Lauben
der Lauch, die Lauchzwiebel
lau|ern, er lauert, auf der Lauer
lau|fen, sie läuft, ich lief, er ist gelaufen, der Lauf, die Läufer
lau|fend
die Lau|ge, die Laugen
die Lau|ne, die Launen, launisch
die Laus, die Läuse
lau|schen, er lauscht
laut, der Laut, lautlos
läu|ten, es läutet, das laute Geläute
lau|ter (nichts als), lauter Tiere
die La|va, das Lavagestein
die La|wi|ne, die Lawinen
lax (schlaff)
das La|za|rett, die Lazarette
das Le|ben, leben, lebhaft, lebendig, leblos, die Lebensmittel, das Lebewesen
die Le|ber, der Lebertran
der Leb|ku|chen, die Lebkuchen
lech|zen, sie lechzt
leck (undicht), das Leck
le|cken, er leckt
le|cker, die Leckereien
das Le|der, ledern
le|dig (unverheiratet)

A B C D E F G H I J K L M N O P Q R S T U V W X Y Z

**le|dig|lich**
**leer**, die Leere, leeren, der Leerlauf
die **Le|gas|the|nie**
**le|gen**, sie legt
die **Le|gen|de**, die Legenden
die **Leg|gings** [Leggins]
der **Lehm**, lehmig
die **Leh|ne**, die Lehnen, lehnen
der **Leh|rer**, die Lehrer, die Lehrerin, die Lehrerinnen, lehren, die Lehre, der Lehrling
der **Leib** (Körper), die Leiber, Vergleich: → Laib
die **Lei|che**, die Leichen, der Leichnam
**leicht**, die Leichtigkeit, der Leichtsinn, leichtsinnig, leichtfertig
die **Leicht|ath|le|tik**
**lei|den**, sie leidet, ich litt, er hat gelitten, das Leid [Leiden]
die **Lei|den|schaft**, die Leidenschaften, leidenschaftlich
**lei|der**
**leid|tun**, es tut mir leid
**lei|ern**, er leiert
**lei|hen**, er leiht, ich lieh, sie hat geliehen
der **Leim**, leimen
die **Lei|ne**, die Leinen
das **Lei|nen**, das Leinentuch
die **Lein|wand**, die Leinwände
**lei|se**
die **Leis|te**, die Leisten
**leis|ten**, sie leistet, die Leistung
**lei|ten**, er leitet, die Leiterin, die Leitung
die **Lei|ter**, die Leitern
die **Lek|ti|on**, die Lektionen
die **Lek|tü|re**, die Lektüren
**len|ken**, sie lenkt, der Lenker, das Lenkrad, die Lenkung
der **Lenz** (Frühling)
der **Leo|pard**, die Leoparden
die **Ler|che** (Vogel), die Lerchen,

Vergleich: → Lärche
**lernen**, sie lernt
**lesen**, er liest, ich las, sie hat gelesen, die Leserin, leserlich, die Lesung
**Lettland**, die Letten, lettisch
**letzte**, das letzte Mal, zuletzt, letztens, der [die, das] Letzte
**leuchten**, es leuchtet, der Leuchter, leuchtend
**leugnen**, sie leugnet
die **Leukämie** (Krankheit), die Leukämien
die **Leute**, leutselig
der **Leutnant**, die Leutnants [Leutnante]
die **Leviten**, jemandem die Leviten lesen
das **Lexikon**, die Lexika [Lexiken]
die **Libelle**, die Libellen
das **Licht**, die Lichter, lichterloh, die Lichtung
das **Lid** (Augendeckel), die Lider, Vergleich: → Lied
die **Liebe**, der Liebling, die Liebhaberei
**lieben**, er liebt, lieb, liebevoll, lieblich, liebenswürdig
**lieber**
**Liechtenstein**, die Liechtensteiner
das **Lied**, die Lieder, Volkslied, Vergleich: → Lid
**liederlich**
**liefern**, sie liefert, die Lieferung
**liegen**, er liegt, es lag, sie hat gelegen, die Liege, der Liegestütz
der **Lift**, die Lifte [Lifts]
die **Liga**, die Ligen, die Bundesliga
der **Likör**, die Liköre
**lila**, lilafarbig
die **Lilie**, die Lilien
der **Liliputaner**, die Liliputaner
die **Limonade**, die Limonaden

die **Linde**, die Linden
**lindern**, die Linderung
das **Lineal**, die Lineale
die **Linie**, die Linien, liniert [liniiert], linieren [liniieren]
**links**, linkshändig, das linke Ohr, linksherum
das **Linoleum**
die **Linse**, die Linsen
die **Lippe**, die Lippen
**lispeln**, sie lispelt
**Lissabon** (Hauptstadt von Portugal)
die **List**, die Listen, listig
die **Liste**, die Listen
**Litauen**, litauisch
der [das] **Liter** [l], die Liter, literweise
die **Literatur**
die **Litfaßsäule**, die Litfaßsäulen
**live** (direkt übertragen), die Livesendung
der **Lkw** [LKW] (Lastkraftwagen), die Lkws [Lkw]
**loben**, er lobt, das Lob
das **Loch**, die Löcher, lochen, löcherig [löchrig]
die **Locke**, die Locken, lockig
**locken**, sie lockt
**locker**, lockern
der **Lodenmantel**, die Lodenmäntel
**lodern**, das Feuer lodert
der **Löffel**, die Löffel, löffeln, löffelweise
die **Loge** (Theaterraum), die Logen
die **Logik**, logisch
das **Log-in** (Einloggen mit dem Computer), die Log-ins
der **Lohn**, die Löhne, lohnen
die **Loipe** (Langlaufspur), die Loipen
**lokal** (örtlich)
das **Lokal**, die Lokale
die **Lokomotive** [Lok], die Lokomotiven
der **Lolli**, die Lollis
**London** (Hauptstadt von Großbritannien)
der **Lorbeer**, die Lorbeeren
die **Lore**, die Loren
**los**, losfahren,

losgehen, loslassen, loslaufen, losreißen, loswerden

das **Los**, die Lose, losen, verlosen

**löschen**, er löscht

**lose**, der lose Deckel

**lösen**, sie löst, die Lösung, lösbar, löslich

das **Lot**, die Lote

**löten**, er lötet

die **Lotion**, die Lotionen, die Körperlotion

der **Lotse**, die Lotsen, lotsen

die **Lotterie**, die Lotterien

das **Lotto**, der Lottogewinn

der **Löwe**, die Löwen

der **Löwenzahn**

der **Luchs** (Raubtier), die Luchse

die **Lücke**, die Lücken, lückenlos, lückenhaft

das **Luder**, die Luder

die **Luft**, die Lüfte, luftig, der Luftballon, luftdicht

**lüften**, er lüftet, die Lüftung

**lügen**, sie lügt, ich log, er hat gelogen, die Lüge, die Lügner

die **Luke**, die Luken, die Dachluke

der **Lümmel**, die Lümmel, sich lümmeln

der **Lump** (schlechter Mensch), die Lumpen

der **Lumpen** (Lappen, Fetzen), die Lumpen, lumpig, zerlumpt

das **Lunchpaket**

die **Lunge**, die Lungen

**lungern**, er lungert

die **Lupe**, die Lupen, lupenrein

**lüpfen** [lupfen], sie lüpft

der **Lurch**, die Lurche

die **Lust**, die Lüste, lustlos

**lustig**

**lutschen**, er lutscht, der Lutscher

**Luxemburg**, die Luxemburger, luxemburgisch

der **Luxus**, luxuriös

die **Lyrik** (Dichtung), lyrisch

# M

**machen**, sie macht, die Abmachung

die **Macht**, die Mächte, mächtig

die **Macke**, die Macken

das **Mädchen**, die Mädchen

die **Made**, die Maden, madig

die **Madonna**, die Madonnen

**Madrid** (Hauptstadt von Spanien)

die **Magd**, die Mägde

**Magdeburg**

der **Magen**, die Mägen [Magen]

**mager**

der **Magier**, die Magier, magisch

das **Magma**

der **Magnet**, die Magnete [Magneten], magnetisch

**mähen**, er mäht, der Rasenmäher

das **Mahl**, die Mähler [Mahle], die Mahlzeit, Vergleich: → Mal

**mahlen**, sie mahlt Kaffee, Vergleich: → malen

die **Mähne**, die Mähnen

**mahnen**, er mahnt, die Mahnung, ermahnen

der **Mai**, der Maibaum, das Maiglöckchen

die **Mailbox**, die Mailboxen

der **Main** (Fluss)

**Mainz**

der **Mais**, das Maisfeld

die **Majestät**, majestätisch

der **Major**, die Majore

der **Makel**, die Makel

das **Make-up** (Kosmetik)

die **Makkaroni**

die **Maklerin**, die Makler

**mal**, einmal, keinmal, malnehmen, komm mal!

das **Mal**, die Male, das erste Mal, jedes Mal, Vergleich: → Mahl

**malen**, er malt, die Maler, die Malerei, malerisch, Vergleich: → mahlen
**Malta**, die Malteser, maltesisch
das **Malz**, das Malzbier
die **Mama**, die Mamas, Mami
das **Mammut**, die Mammuts [Mammute]
**man**, man sieht Tiere, Vergleich: → Mann
der **Manager**, die Manager
**manch**, manche, mancher, manches
**mancherlei**
**manchmal**
die **Mandarine**, die Mandarinen
die **Mandel**, die Mandeln
die **Manege**, die Manegen, die Zirkusmanege
die **Mangel** (Maschine zum Glätten von Wäsche), die Mangeln, mangeln
der **Mangel** (Fehler), die Mängel, mangelhaft
die **Manieren** (Umgangsformen)
der **Mann**, die Männer, männlich, Vergleich: → man
die **Mannschaft**, die Mannschaften
der **Mantel**, die Mäntel
die **Mappe**, die Mappen
das **Märchen**, die Märchen
der **Marder**, die Marder
die **Margarine**
die **Margerite** (Blume), die Margeriten
der **Marienkäfer**, die Marienkäfer
die **Marine**, marineblau
die **Marionette**, die Marionetten
die **Mark** (Geld)
das **Mark**, das Knochenmark
die **Marke**, die Marken, die Briefmarke
**markieren**, sie markiert
die **Markise**, die Markisen

A B C D E F G H I J K L M N O P Q R S T U V W X Y Z

der **Markt**, die Märkte
die **Marmelade**, die Marmeladen
der **Marmor**, der Marmorstein
der **Mars** (Planet)
der **Marsch**, die Märsche, marschieren
der **Marterpfahl**, die Marterpfähle, martern
der **März**
das [der] **Marzipan**, die Marzipane
die **Masche**, die Maschen
die **Maschine**, die Maschinen, maschinell
die **Masern** (Kinderkrankheit)
die **Maske**, die Masken, maskieren
das **Maskottchen**, die Maskottchen
das **Maß**, die Maße, das Maßband
die **Masse**, die Massen, massig, massenhaft
**massieren**, er massiert, die Massage
**mäßig**, mäßigen
**massiv**
die **Maßnahme**, die Maßnahmen
der **Maßstab**, die Maßstäbe
der **Mast**, die Masten [Maste], der Schiffsmast
die **Mast** (Mästung von Tieren), die Masten, mästen
das **Match** (Wettkampf/Spiel), die Matchs [Matche]
das **Material**, die Materialien
die **Mathematik**, mathematisch
die **Matratze**, die Matratzen
der **Matrose**, die Matrosen
der **Matsch**, matschig
**matt**, die Mattigkeit
die **Matte**, die Matten
die **Mauer**, die Mauern, mauern
das **Maul**, die Mäuler, maulen
der **Maulwurf**,

die Maulwürfe
der **Maurer**, die Maurer
die **Maus**, die Mäuse
**maximal**
die **Mayonnaise** [Majonäse], die Mayonnaisen
**Mazedonien**, die Mazedonier, mazedonisch
die **Mechanikerin**, die Mechaniker, mechanisch
**meckern**, sie meckert
**Mecklenburg-Vorpommern**
die **Medaille**, die Medaillen
die **Medien**
das **Medikament**, die Medikamente
die **Medizin**, die Mediziner, medizinisch
das **Meer**, die Meere, Vergleich: → mehr
der **Meerrettich**, die Meerrettiche
das **Meerschweinchen**, die Meerschweinchen
das **Mehl**, mehlig
**mehr**, mehrere, mehrmals, die Mehrheit, die Mehrzahl, Vergleich: → Meer
**meiden**, er meidet, ich mied, sie hat gemieden
die **Meile**, die Meilen, meilenweit
**mein**, meine, meiner, meines
**meinen**, er meint, die Meinung
**meinetwegen**
die **Meise**, die Meisen
der **Meißel**, die Meißel, meißeln
**meist**, meistens, am meisten
der **Meister**, die Meister, die Meisterschaft, meistern, meisterhaft
**melden**, sie meldet, die Meldung
**melken**, er melkt, die Molkerei
die **Melodie**, die Melodien
die **Melone**, die Melonen

A B C D E F G H I J K L M N O P Q R S T U V W X Y Z

das **Memory**, die Memorys
die **Menge**, die Mengen
der **Mensch**, die Menschen, menschlich, die Menschheit
das **Menü**, die Menüs
**merken**, sie merkt
das **Merkmal**, die Merkmale,
**merkwürdig**
die **Messe**, die Messen
**messen**, er misst, ich maß, sie hat gemessen
das **Messer**, die Messer
das **Messing**
das **Metall**, die Metalle, metallisch
der [das] **Meteor**, die Meteore
die **Meteorologie**, die Meteorologen
der [das] **Meter** [m], die Meter, meterhoch, meterlang
die **Methode**, die Methoden
das **Mett**, die Mettwurst
die **Metzgerin**, die Metzger, die Metzgerei
**meutern**, sie meutert, die Meuterei
**miauen**, der Kater miaut
**mich**, ich mag mich
die **Mickymaus**
der **Mief**, miefig
die **Miene** (Gesichtsausdruck), die Mienen, Vergleich: → Mine
**mies**, miese Laune
die **Miete**, die Mieten, die Mieter, mieten
das **Mikrofon** [Mikrophon], die Mikrofone
das **Mikroskop**, die Mikroskope, mikroskopieren
die **Mikrowelle**
die **Milch**, milchig
**mild** [milde], die Milde, mildern
das **Milieu**, die Milieus
das **Militär**, militärisch
die **Milliarde** [Md./Mrd.], die Milliarden, die Milliardäre
das **Milligramm** [mg],

50 Milligramm
der [das] Milliliter [ml], 40 Milliliter
der [das] Millimeter [mm], 60 Millimeter
die Million [Mill./Mio.], die Millionen, die Millionäre
die Milz
minder, minderjährig, die Minderheit, minderwertig
mindestens
die Mine (Stiftmine, Bergwerk, Sprengkörper), die Minen, Vergleich: → Miene
das Mineral, die Minerale [Mineralien]
mini, minimal, das Minigolf
der Minister, die Minister, die Ministerin
die Ministrantin, die Ministranten
Minsk (Hauptstadt von Weißrussland)
minus, das Minuszeichen
die Minute, 5 Minuten [5 min]
mir, sie schenkt mir
mischen, sie mischt, die Mischung
miserabel (schlecht)
missachten → achten, die Missachtung
der Missbrauch, die Missbräuche, missbrauchen
der Misserfolg, die Misserfolge
das Missgeschick, die Missgeschicke
die Misshandlung, die Misshandlungen, misshandeln
die Mission, die Missionen
der Missionar, die Missionare
missmutig
das Misstrauen, misstrauisch, misstrauen
das Missverständnis, die Missverständnisse, missverstehen
der Mist, der Misthaufen
mit, sie kommt mit

A B C D E F G H I J K L M N O P Q R S T U V W X Y Z

der **Mitarbeiter**, die Mitarbeiter, mitarbeiten

**mitbringen** → *bringen*

**miteinander**

**mitfahren** → *fahren*

**mitfühlen** → fühlen, das Mitgefühl

**mitgehen** → *gehen*

das **Mitglied**, die Mitglieder

**mithelfen** → *helfen*, die Mithilfe

**mitkommen** → *kommen*

der **Mitlaut**, die Mitlaute

das **Mitleid**, mitleidig

der **Mitmensch**, die Mitmenschen

**mitnehmen** → *nehmen*

die **Mitschülerin**, die Mitschüler

der **Mittag**, die Mittage, mittags, heute Mittag, am Mittag

die **Mitte**, die Mitten, mittlere, mitten, mittendrin, mittendurch

die **Mitteilung**, die Mitteilungen, mitteilen

das **Mittel**, die Mittel

das **Mittelalter**, mittelalterlich

das **Mittelmaß**, mittelmäßig

das **Mittelmeer**

der **Mittelpunkt**, die Mittelpunkte

die **Mitternacht**

**mittlerweile**

der **Mittwoch**, die Mittwoche, mittwochs, der Mittwochabend

**mitunter**

**mixen**, er mixt, der Mixer

das **Möbel**, die Möbel, möblieren

die **Mode**, die Moden, modern, modisch

das **Modell**, die Modelle, modellieren

der **Moder**, modern (faulen)

das **Mofa**, die Mofas

**mogeln**, sie mogelt, die Mogelei

mögen, er mag, ich mochte, sie hat gemocht, ich möchte
möglich, die Möglichkeit
möglichst
der Mohn
die Möhre, die Möhren, die Mohrrübe
der Molch, die Molche
Moldawien [Republik Moldau], die Moldauer, moldauisch
die Mole, die Molen
die Molkerei, die Molkereien
mollig
der Moment, die Momente, momentan
Monaco, die Monegassen, monegassisch
der Monat, die Monate, monatlich
der Mönch, die Mönche
der Mond, die Monde
die Moneten (Geld)
der Monitor, die Monitore
das Monster, die Monster
der Montag, die Montage, montags, der Montagmorgen
Montenegro, die Montenegriner, montenegrinisch
der Monteur, die Monteure, montieren, die Montage
das Moor, die Moore, moorig
das Moos, die Moose, moosig
das Moped, die Mopeds
der Mops, die Möpse
die Moral, moralisch
der Morast, morastig
der Mord, die Morde, morden, die Mörder
morgen, morgens, bis morgen, morgen früh
der Morgen, die Morgen, am Morgen, heute Morgen, guten Morgen
morsch
morsen, sie morst, das Morsealphabet
der Mörtel

A B C D E F G H I J K L M N O P Q R S T U V W X Y Z

das **Mo|sa|ik**, die Mosaiken [Mosaike]
die **Mo|schee**, die Moscheen
die **Mo|sel** (Fluss)
**Mos|kau** (Hauptstadt von Russland)
der **Mos|lem** → Muslim
der **Most**, die Moste, mosten
das **Mo|tiv**, die Motive
der **Mo|tor**, die Motoren
das **Mo|tor|rad**, die Motorräder
die **Mot|te**, die Motten
das **Mot|to**, die Mottos
**mot|zen**, sie motzt
das **Moun|tain|bike** (Geländefahrrad), die Mountainbikes
die **Mö|we**, die Möwen
die **Mü|cke**, die Mücken
**mucks|mäus|chen|still**
**mü|de**, die Müdigkeit
die **Mü|he**, die Mühen, mühsam
die **Müh|le**, die Mühlen
die **Mul|de**, die Mulden
der **Müll**, die Müllabfuhr, die Mülldeponie
die **Mull|bin|de**, die Mullbinden
der **Mül|ler**, die Müller
**mul|ti|pli|zie|ren**, er multipliziert, die Multiplikation
die **Mu|mie**, die Mumien
der [die] **Mumps** (Krankheit)
**Mün|chen**
der **Mund**, die Münder, mündlich
die **Mund|har|mo|ni|ka**, die Mundharmonikas
die **Mün|dung**, die Mündungen, münden
die **Mu|ni|ti|on**, die Munitionen
**mun|keln**, er munkelt
**mun|ter**, die Munterkeit
die **Mün|ze**, die Münzen
**mür|be** [mürb]
die **Mur|mel**, die Murmeln
**mur|meln**, er murmelt
das **Mur|mel|tier**, die Murmeltiere
**mur|ren**, sie murrt, mürrisch
das [der] **Mus**, das Apfelmus

die **Muschel**, die Muscheln
das **Museum**, die Museen
das **Musical**, die Musicals
die **Musik**, musizieren, die Musiker, musikalisch
der **Muskel**, die Muskeln, muskulös
das **Müsli**
der **Muslim** [Moslem] (Anhänger des Islams), die Muslime [Muslims], die Muslimin [Muslima], muslimisch
die **Muße**, müßig
**müssen**, er muss, ich musste, sie hat gemusst
das **Muster**, die Muster, mustern
der **Mut**, mutig, mutlos, mutwillig
die **Mutter** (Schraubenteil), die Muttern
die **Mutter**, die Mütter, mütterlich
die **Mütze**, die Mützen
die **Myrrhe** [Myrre] (aromatisches Harz)

# N

die **Nabe** (vom Rad), die Naben
der **Nabel**, die Nabel
**nach**, nach Hause [nachhause]
**nachahmen**, er ahmt sie nach
die **Nachbarin**, die Nachbarn, die Nachbarschaft
**nachdem**, je nachdem
**nachdenken** → *denken*, nachdenklich
**nacheinander**
die **Nacherzählung**, die Nacherzählungen
der **Nachfolger**, die Nachfolger
**nachgeben** → *geben*, nachgiebig
**nachher**, im Nachhinein
die **Nachhilfe**
der **Nachkomme**, die Nachkommen

**nachlässig**, die Nachlässigkeit

der **Nachmittag**, die Nachmittage, nachmittags

der **Nachname**, die Nachnamen

die **Nachricht**, die Nachrichten

**nachschlagen** → *schlagen*

der **Nachschub**, Nachschübe

die **Nachsicht**, nachsichtig, nachsehen

die **Nachspeise**, die Nachspeisen

**nächst**, nächster, am nächsten, der nächste Tag, der Nächste, nächstens

die **Nacht**, die Nächte, heute Nacht, nachts, nächtlich

der **Nachteil**, die Nachteile, nachteilig

die **Nachtigall**, die Nachtigallen

der **Nachtisch**, die Nachtische

der **Nachtrag**, die Nachträge, nachträglich

**nachtragend**

der **Nachttisch**, die Nachttische

**nachweisen** → *weisen*, der Nachweis, nachweislich

der **Nachwuchs**

die **Nachzüglerin**, die Nachzügler

der **Nacken**, die Nacken

**nackt** [nackend]

die **Nadel**, die Nadeln, nadeln

der **Nagel**, die Nägel, nageln

**nagen**, er nagt, das Nagetier

**nahe** [nah], näher, am nächsten, die Nähe, sich nähern, nahezu

**nähen**, sie näht

die **Nahrung**, nähren, die Nahrungsmittel, nahrhaft, ernähren

die **Naht**, die Nähte
**naiv**, die Naivität
der **Name** [Namen], die Namen
**nämlich**
der **Napf**, die Näpfe
die **Narbe**, die Narben
die **Narkose**, die Narkosen
der **Narr**, die Narren, närrisch
die **Narzisse**, die Narzissen
**naschen**, er nascht
die **Nase**, die Nasen, das Näschen, das Nashorn
**naseweis**
**nass**, nasser [nässer], am nassesten [nässesten], nass machen, die Nässe
die **Nation**, die Nationen
**national**, die Nationalmannschaft
die **Natter**, die Nattern
die **Natur**, natürlich
der **Nebel**, die Nebel, neblig [nebelig]
**neben**, nebenher, nebst, nebenan, nebeneinander
die **Nebensache**, die Nebensachen, nebensächlich
der **Neckar** (Fluss)
**necken**, sie neckt
der **Neffe**, die Neffen
**negativ** (verneinend)
das **Negativ** (vom Film), die Negative
**nehmen**, er nimmt, ich nahm, sie hat genommen, nimm!
der **Neid**, neidisch, neiden
**neigen**, sie neigt, die Neigung
**nein**, Nein [nein] sagen
der **Nektar** (Blütensaft)
die **Nektarine**, die Nektarinen
die **Nelke**, die Nelken
**nennen**, er nennt, ich nannte, sie hat genannt
das **Neon**, das Neonlicht
der **Neptun** (Planet)
der **Nerv**, die Nerven, nervig
**nervös**, die Nervosität

die **Nes|sel**, die Nesseln
das **Nest**, die Nester
**nett**, netter, am nettesten, die Nettigkeit
**net|to**, der Nettopreis
das **Netz**, die Netze
**neu**, etwas Neues, die Neuigkeit, neuerdings
die **Neu|gier** [Neugierde], neugierig
das **Neu|jahr**
**neu|lich**
**neun**, neunzehn, neunzig, neunmal, neun Uhr, die Neun, der Neuner
**neu|t|ral**, die Neutralität
**nicht**, der Nichtschwimmer
die **Nich|te**, die Nichten
**nichts**, gar nichts
**ni|cken**, sie nickt
**nie**, nie mehr, nie wieder
**nie|der**, die Niederlage, niedergeschlagen
die **Nie|der|lan|de**, die Niederländer, niederländisch
**Nie|der|sach|sen**, die Niedersachsen, niedersächsisch
der **Nie|der|schlag**, die Niederschläge
die **Nie|der|tracht**, niederträchtig
**nied|lich**
**nied|rig**, die Niederung
**nie|mals**
**nie|mand**, niemanden
die **Nie|re**, die Nieren
**nie|seln**, es nieselt, der Nieselregen
**nie|sen**, er niest
die **Nie|te**, die Nieten
der **Ni|ko|laus**, die Nikolause
das **Ni|ko|tin**
das **Nil|pferd**, die Nilpferde
**nim|mer** (nicht mehr)
**nip|pen**, sie nippt
**nir|gends**, nirgendwo
die **Ni|sche**, die Nischen
**nis|ten**, er nistet
das **Ni|veau**, die Niveaus
die **Ni|xe**, die Nixen
**no|bel** (edel)

noch, noch einmal, nochmals
der Nomade, die Nomaden
das Nomen (Namenwort), die Nomen [Nomina]
der Nominativ (1. Fall, Wer- oder was-Fall)
die Nonne, die Nonnen
der Nonsens (Unsinn)
nonstop (ohne Pause)
der Norden, nördlich, der Nordpol
Nordrhein-Westfalen, die Nordrhein-Westfalen, nordrhein-westfälisch
die Nordsee
nörgeln, sie nörgelt, die Nörgelei
normal, die Normalität
Norwegen, die Norweger, norwegisch
die Not, die Nöte, der Notruf
die Note, die Noten
notieren, er notiert
nötig, die Nötigung
die Notiz, die Notizen
notwendig, die Notwendigkeit
der November
im Nu (sehr schnell)
nüchtern
nuckeln, sie nuckelt, der Nuckel
die Nudel, die Nudeln
der [das] Nugat [Nougat]
null, null Grad, die Null, die Nullen
die Nummer, die Nummern, nummerieren, die Nummerierung
nun, von nun an, nunmehr
nur
nuscheln, er nuschelt
die Nuss, die Nüsse
die Nüster, die Nüstern
der Nutzen
nützen [nutzen], sie nützt [nutzt]
nützlich
das Nylon, der Nylonstrumpf

# O

die **Oase**, die Oasen
**ob**, obgleich
die **Obacht**, Obacht geben
**obdachlos**
**O-Beine**, o-beinig
**oben**, obere, oberhalb
der **Ober** (Kellner), die Ober
die **Oberfläche**, die Oberflächen, oberflächlich
das **Oberhaupt**, die Oberhäupter
**obgleich**
das **Objekt**, die Objekte
die **Oblate**, die Oblaten
die **Oboe**, die Oboen
das **Obst**
**obwohl**
der **Ochse** [Ochs], die Ochsen
**ocker**, ockerfarbig
**öd** [öde]
**oder**
die **Oder** (Fluss)
der **Ofen**, die Öfen
**offen**, offensichtlich, die Offenheit
**öffentlich**, die Öffentlichkeit
**offiziell**
der **Offizier**, die Offiziere
**öffnen**, er öffnet, die Öffnung
**oft**, öfter, öfters, oftmals
**ohne**, ohne Weiteres, ohnedies
die **Ohnmacht**, die Ohnmachten, ohnmächtig
das **Ohr**, die Ohren, der Ohrring, ohrenbetäubend
**okay** [o.k. oder O.K.]
die **Ökologie**, ökologisch
der **Oktober**
das **Öl**, die Öle, ölen, ölig
die **Olive**, die Oliven
die **Olympiade**, die Olympiaden, die Olympischen Spiele, olympisch
die **Oma**, die Omas, Omi
das **Omelett**, die Omelette [Omeletts]

der **Omnibus**, die Omnibusse
der **Onkel**, die Onkel
**online** (Computerbegriff)
der **Opa**, die Opas, Opi
**Open-Air-Konzert**
die **Oper**, die Opern
die **Operation**, die Operationen, operieren
die **Operette**, die Operetten
das **Opfer**, die Opfer, opfern
die **Optik**, die Optikerin
**optimal** (bestmöglich)
der **Optimismus**, der Optimist, optimistisch
**orange** (Farbe)
die **Orange**, die Orangen
der **Orang-Utan** (Menschenaffe), die Orang-Utans
das **Orchester**, die Orchester
der **Orden**, die Orden
**ordentlich**
**ordnen**, sie ordnet, die Ordnung
der **Ordner**, die Ordner
das **Organ**, die Organe
die **Organisation**, die Organisationen, organisieren
die **Orgel**, die Orgeln, der Organist
der **Orient**, orientalisch
sich **orientieren**, er orientiert sich, die Orientierung
das **Original**, die Originale, originell
der **Orkan** (starker Sturm), die Orkane
der **Ort**, die Orte, die Ortschaft, örtlich
die **Orthografie** [Orthographie] (Rechtschreibung)
die **Öse**, die Ösen
**Oslo** (Hauptstadt von Norwegen)
der **Osten**, östlich
**Ostern**, österlich
**Österreich**, die Österreicher, österreichisch
die **Ostsee**
der **Otter**, die Otter
**oval** (eirund), das Oval

der **Overall** (einteiliger Anzug), die Overalls
der **Overheadprojektor**, die Overhead-projektoren
der **Ozean**, die Ozeane
der [das] **Ozon**, das Ozonloch

# P

ein **paar** (einige), ein paar Steine, ein paarmal [paar Mal]
das **Paar** (zwei), ein Paar Socken
die **Pacht**, die Pächterin, pachten
**packen**, sie packt, die Packung
**paddeln**, er paddelt, das Paddelboot
das **Paket**, die Pakete, das Päckchen
der **Palast**, die Paläste
die **Palette**, die Paletten
die **Palme**, die Palmen, der Palmsonntag
die **Pampelmuse**, die Pampelmusen
der **Pandabär**, die Pandabären
**panieren**, er paniert, das Paniermehl
die **Panik**, panisch
die **Panne**, die Pannen
das **Panorama** (Rundblick)
der **Panther** [Panter], die Panther
der **Pantoffel**, die Pantoffeln
die **Pantomime** (Darstellen von Szenen ohne Worte)
der **Panzer**, die Panzer
der **Papa**, die Papas, Papi
der **Papagei**, die Papageien
das **Papier**, die Papiere
die **Pappe**, die Pappen, das Pappmaschee
die **Pappel**, die Pappeln
**pappig**, pappen
der [die] **Paprika**, die Paprikas
der **Papst**, die Päpste
das **Paradies**,

die Paradiese,
paradiesisch
der **Pa|ra|graf**
[§, Paragraph],
die Paragrafen
**pa|ral|lel**, die Parallele
der **Pa|ra|sit**, die Parasiten
**pa|rat** (bereit, fertig)
das **Pär|chen**, die Pärchen
der **Par|cours** (Hindernis-
bahn), die Parcours
das **Par|füm**, die Parfüms
**pa|rie|ren**, er pariert
**Pa|ris** (Hauptstadt von
Frankreich)
der **Park**, die Parks
**par|ken**, sie parkt,
der Parkplatz
das **Par|kett**, die Parkette
[Parketts]
das **Par|la|ment**,
die Parlamente,
parlamentarisch
die **Pa|ro|le**, die Parolen
die **Par|tei**, die Parteien,
parteiisch
das **Par|ter|re** (Erdgeschoss)
der **Part|ner**, die Partner,
die Partnerin
die **Par|ty**, die Partys

der **Pass**, die Pässe
die **Pas|sa|ge** (Durchgang),
die Passagen
der **Pas|sa|gier**,
die Passagiere
der **Pas|sant** (Fußgänger),
die Passanten
**pas|sen**, es passt
**pas|sie|ren**, es passiert
**pas|siv**, die Passivität
die **Pas|ta** (Nudeln)
die **Pas|te**, die Pasten,
die Zahnpasta
die **Pas|te|te**, die Pasteten
die **Pas|to|rin**, die
Pastoren, der Pastor
der **Pa|te**, die Paten,
die Patenschaft
das **Pa|tent**, die Patente,
patent sein
der **Pa|ter**,
die Pater [Patres]
der **Pa|ti|ent**, die Patienten
die **Pa|tro|ne**, die Patronen
der **Pat|zer**, die Patzer
die **Pau|ke**, die Pauken
die **Pau|se**, die Pausen,
pausieren, pausenlos
**pau|sen**, sie paust,
das Pauspapier

der **Pa|vi|an**, die Paviane
der **Pa|vil|lon**, die Pavillons
der **Pa|zi|fik** [Pazifischer Ozean]
der **PC**, die PCs [PC] [Personalcomputer]
das **Pech**
das **Pe|dal**, die Pedale
der **Pe|gel**, die Pegel
**pei|len**, er peilt
die **Pein**, peinigen, der Peiniger
**pein|lich**
die **Peit|sche**, die Peitschen, peitschen
die **Pel|le**, die Pellen, pellen
der **Pelz**, die Pelze, pelzig
das **Pen|del**, die Pendel, pendeln, die Pendlerin
der **Pe|nis**, die Penisse
die **Pen|si|on**, die Pensionen
**per|fekt**, die Perfektion
das **Per|ga|ment**, das Pergamentpapier
die **Pe|ri|o|de**, die Perioden
die **Per|le**, die Perlen, perlen
die **Per|son**, die Personen, persönlich, das Personal, die Persönlichkeit
die **Pe|rü|cke**, die Perücken
der **Pes|si|mis|mus**, die Pessimistin, pessimistisch
die **Pest** (Krankheit, Seuche)
die **Pe|ter|si|lie**, die Petersilien
das **Pe|t|ro|le|um**
**pet|zen**, sie petzt
der **Pfad**, die Pfade, die Pfadfinder
der **Pfahl**, die Pfähle
die **Pfalz**, die Pfälzer, pfälzisch
das **Pfand**, die Pfänder, pfänden
die **Pfan|ne**, die Pfannen, der Pfannkuchen
die **Pfar|re|rin**, die Pfarrer, der Pfarrer, die Pfarrei
der **Pfau**, die Pfaue [Pfauen]
der **Pfef|fer** (Gewürz), pfeffern

die **Pfefferminze**
die **Pfeife**, die Pfeifen
**pfeifen**, er pfeift, ich pfiff, sie hat gepfiffen
der **Pfeil**, die Pfeile
der **Pfeiler**, die Pfeiler
der **Pfennig** [Pf.], 65 Pfennige
das **Pferd**, die Pferde
der **Pfiff**, die Pfiffe
der **Pfifferling**, die Pfifferlinge
**pfiffig**
**Pfingsten**
der **Pfirsich**, die Pfirsiche
die **Pflanze**, die Pflanzen, das Pflänzchen, pflanzen
das **Pflaster**, die Pflaster, pflastern
die **Pflaume**, die Pflaumen
**pflegen**, sie pflegt, die Pflege, der Pfleger
die **Pflicht**, die Pflichten, pflichtbewusst
**pflücken**, er pflückt
der **Pflug**, die Pflüge, den Acker pflügen
die **Pforte**, die Pforten, die Pförtnerin
der **Pfosten**, die Pfosten
die **Pfote**, die Pfoten, das Pfötchen
der **Pfropfen**, die Pfropfen, aufpfropfen
**pfui!**
das **Pfund** [Pfd.], die Pfunde
**pfuschen**, sie pfuscht, der Pfusch, die Pfuscherei
die **Pfütze**, die Pfützen
die **Phantasie** → Fantasie
das **Phantom**, die Phantome
der **Philosoph**, die Philosophen, philosophieren
die **Physik**, physikalisch
die **Pianistin**, die Pianisten, das Piano
der **Pickel**, die Pickel
**picken**, es pickt
das **Picknick**, die Picknicke [Picknicks], picknicken
**piepen**, es piept
**piepsen**, es piepst

A B C D E F G H I J K L M N O P Q R S T U V W X Y Z

**pier|cen**, sie pierct,
das Piercing
**pi|kant** (scharf)
**pi|ken** [piksen],
es pikt [pikst]
die **Pil|le**, die Pillen
der **Pi|lot**, die Piloten
der **Pilz**, die Pilze
der **Pin|gu|in**, die Pinguine
**pink** (rosa)
die **Pinn|wand**,
die Pinnwände
der **Pin|sel**, die Pinsel,
pinseln
die **Pin|zet|te**,
die Pinzetten
die **Pi|ra|tin**, die Piraten
**pir|schen**, er pirscht,
anpirschen,
die Pirsch
die **Pis|te**, die Pisten
die **Pis|to|le**, die Pistolen
**pitsch|nass**
die **Piz|za**, die Pizzas
[Pizzen], die Pizzeria
der **Pkw** [PKW]
(Personenkraftwagen),
die Pkws [Pkw]
die **Pla|ge**, die Plagen,
plagen

das **Pla|kat**, die Plakate,
plakatieren
die **Pla|ket|te**,
die Plaketten
der **Plan**, die Pläne,
planen, planmäßig
die **Pla|ne** (Decke),
die Planen
der **Pla|net**, die Planeten
**pla|nie|ren**, er planiert,
die Planierraupe
die **Plan|ke**, die Planken
**plan|schen**
[plantschen],
sie planscht,
das Planschbecken
die **Plan|ta|ge**,
die Plantagen
**plap|pern**, er plappert
**plär|ren**, sie plärrt
das **Plas|tik** (Kunststoff),
die Plastiktüte
das **Plas|ti|lin** (Knetmasse)
**plät|schern**,
es plätschert
**platt**, plätten,
der Plattfuß
das **Platt** (Dialekt)
die **Plat|te**, die Platten
der **Platz**, die Plätze,

das Plätzchen
**plat|zen**, er platzt
**plau|dern**, sie plaudert, die Plauderei
**plau|si|bel**
das **Play-back** [Playback]
**plei|te**, er ist pleite, die Pleite
die **Plom|be** (Zahnfüllung), die Plomben, plombieren
**plötz|lich**
**plump**
**plump|sen**, er plumpst
der **Plun|der**
**plün|dern**, sie plündert, die Plünderung, die Plünderer
der **Plu|ral** (Mehrzahl)
**plus**, das Pluszeichen
der **Plu|to** (Planet)
**po|chen**, es pocht
die **Po|cke**, die Pocken
das **Po|dest**, die Podeste
die **Poe|sie** (Dichtung), das Poesiealbum, poetisch
der **Po|kal**, die Pokale
der **Pol**, die Pole, der Südpol

**Po|len**, die Polen, polnisch
**po|lie|ren**, er poliert, die Politur
die **Po|li|tes|se**, die Politessen
die **Po|li|tik**, die Politiker, politisch
die **Po|li|zei**, polizeilich
der **Po|li|zist**, die Polizisten, die Polizistin
der **Pol|len** (Blütenstaub), die Pollen
das **Pols|ter**, die Polster, polstern
**pol|tern**, sie poltert, der Polterabend
die **Pommes frites** [Pommes]
das **Po|ny**, die Ponys
der **Pool** (Schwimmbecken), die Pools
das **Pop|corn**
die **Pop|mu|sik**, die Popstars
der **Po|po** [Po], die Popos
**po|pu|lär** (beliebt)
die **Po|re**, die Poren, porös
das **Por|tal**, die Portale

das **Portemonnaie** (Geldbeutel) [Portmonee], die Portemonnaies
der **Portier** (Pförtner), die Portiers
die **Portion**, die Portionen
das **Porto**, die Portos [Porti], Briefporto
das **Porträt**, die Porträts
**Portugal**, die Portugiesen, portugiesisch
das **Porzellan**, die Porzellane
die **Posaune**, die Posaunen
**positiv**
die **Post**, der Postbote, die Postleitzahl
der **Posten**, die Posten
das [der] **Poster**, die Poster [Posters]
**Potsdam**
die **Pracht**, prächtig
das **Prädikat**, die Prädikate
**Prag** (Hauptstadt der Tschechischen Republik)
**prägen**, er prägt
**prahlen**, sie prahlt
**praktisch**, das Praktikum
die **Praline**, die Pralinen
**prall**, der pralle Sack
**prallen**, er prallt, der Aufprall
die **Prämie**, die Prämien
die **Pranke**, die Pranken
die **Präposition** (Verhältniswort), die Präpositionen
die **Prärie**, die Prärien
das **Präsens** (Gegenwart)
der **Präsident**, die Präsidenten, die Präsidentin
**prasseln**, es prasselt
das **Präteritum** (Vergangenheit)
die **Praxis**, die Praxen, die Arztpraxis
**präzis** [präzise]
**predigen**, er predigt, die Predigt
der **Preis**, die Preise, preiswert
die **Preiselbeere**, die Preiselbeeren
**prellen**, sie prellt, die Prellung

die **Premiere**, die Premieren
die **Presse**
**pressen**, er presst
**prickeln**, es prickelt, prickelnd
der **Priester**, die Priester, die Priesterin
**prima**
die **Primel**, die Primeln
**primitiv** (einfach)
die **Prinzessin**, die Prinzessinnen, der Prinz
das **Prinzip**, die Prinzipien
**privat**
**pro**, pro Stück
die **Probe**, die Proben, proben
**probieren**, sie probiert
das **Problem**, die Probleme, problematisch
das **Produkt**, die Produkte, die Produktion, produzieren
die **Professorin**, die Professoren, der Professor
der **Profi**, die Profis
das **Profil**, die Profile
das **Programm**, die Programme, programmieren
das **Projekt**, die Projekte
der **Projektor**, die Projektoren, projizieren
**prominent**
**prompt** (sofort)
das **Pronomen** (Fürwort), die Pronomen
der **Propeller**, die Propeller
der **Prophet**, die Propheten, prophezeien (voraussagen)
**prosit!** [prost!]
der [das] **Prospekt**, die Prospekte
der **Protest**, die Proteste, protestieren
der **Protestant**, die Protestanten, protestantisch
die **Prothese**, die Prothesen
das **Protokoll**, die Protokolle

protzen, er protzt
der Proviant (Verpflegung)
die Provinz, die Provinzen
das Prozent [%], die Prozente
der Prozess, die Prozesse
die Prozession, die Prozessionen
prüfen, sie prüft, die Prüfung
prügeln, er prügelt, die Prügel, die Prügelei
der Prunk, prunkvoll
prusten, sie prustet
der Psalm, die Psalmen
die Pubertät
das Publikum
der Pudding, die Puddinge [Puddings]
der Pudel, die Pudel, pudelwohl, pudelnass
der [das] Puder, die Puder, pudern
der Puffer, die Puffer
der Pulli, die Pullis
der Pullover, die Pullover
der Puls, die Pulse, pulsieren
das Pult, die Pulte
das Pulver, die Pulver
der Puma, die Pumas
pummelig [pummlig]
die Pumpe, die Pumpen, pumpen
der Punkt, die Punkte
pünktlich, die Pünktlichkeit
die Pupille, die Pupillen
die Puppe, die Puppen, das Püppchen
pur (rein, unverfälscht)
das Püree, die Pürees
purzeln, sie purzelt
pusten, er pustet, die Puste
die Pute, die Puten
putzen, sie putzt, das Putzmittel, der Putz
putzig (drollig)
das Puzzle (Legespiel), die Puzzles, puzzeln
der Pyjama, die Pyjamas
die Pyramide, die Pyramiden

# Qu

der **Quader**, die Quader
das **Quadrat**, die Quadrate, quadratisch
**quaken**, er quakt
**quälen**, sie quält, die Qual, quälend
die **Qualifikation**, die Qualifikationen, qualifizieren
die **Qualität**, die Qualitäten
die **Qualle**, die Quallen
der **Qualm**, qualmen
der **Quark**
das **Quartal**, die Quartale
das **Quartett**, die Quartette
das **Quartier**, die Quartiere
der **Quarz**, die Quarze, der Quarzstein
**quasseln**, er quasselt
der **Quatsch**, quatschen
das **Quecksilber**
die **Quelle**, die Quellen
**quellen**, es quillt, es quoll, es ist gequollen
**quengeln**, sie quengelt
**quer**, der Querschnitt, die Querflöte, querfeldein
**quetschen**, er quetscht, die Quetschung
**quicklebendig**
**quieken** [quieksen], es quiekt [quiekst]
**quietschen**, es quietscht
der **Quirl**, die Quirle, quirlen, quirlig
die **Quitte**, die Quitten
die **Quittung**, die Quittungen, quittieren, quitt sein
das **Quiz**, die Quiz, die Quizshow
die **Quote**, die Quoten
der **Quotient**, die Quotienten

# R

der **Rabatt**, die Rabatte
der **Rabauke**, die Rabauken
der **Rabbiner**, die Rabbiner
der **Rabe**, die Raben
**rabiat** (wütend, grob)
die **Rache**, rächen, der Rächer
der **Rachen**, die Rachen
das **Rad**, die Räder, die Radfahrer, Rad fahren, Vergleich: → Rat
das [der] **Radar**
der **Radau** (Lärm, Krach)
**radieren**, sie radiert, der Radierer, der Radiergummi
das **Radieschen**, die Radieschen
**radikal**
das **Radio**, die Radios
die **Radioaktivität**, radioaktiv
der **Radius**, die Radien
**raffen**, er rafft, raffgierig
**raffiniert**, die Raffinesse
**ragen**, es ragt
der **Rahm** (Sahne)
der **Rahmen**, die Rahmen, rahmen, einrahmen
die **Rakete**, die Raketen
die **Rallye** [Rally], die Rallyes [Rallys]
der **Ramadan** (Fastenmonat der Moslems)
**rammen**, sie rammt
die **Rampe**, die Rampen
**ramschen**, er ramscht, der Ramsch
der **Rand**, die Ränder
**randalieren**, sie randaliert
der **Rang**, die Ränge
**rangeln**, sie rangelt, die Rangelei
**rangieren**, er rangiert, die Rangierlok
**rank** (schlank)
die **Ranke**, die Ranken, ranken
der **Ranzen**, die Ranzen
**ranzig**, ranziges Öl

der **Rap** (Sprechgesang), die Raps, die Rapper
**ra|pid** [rapide] (sehr schnell)
der **Rap|pe**, die Rappen
der **Raps**, das Rapsöl
**rar** (selten), die Rarität
**ra|sant** (sehr schnell)
**rasch**, rascher, am raschesten
**ra|scheln**, er raschelt
**ra|sen**, sie rast, rasend
der **Ra|sen**, die Rasen, der Rasenmäher
**ra|sie|ren**, er rasiert, der Rasierapparat
**ras|peln**, sie raspelt, die Raspel (Werkzeug)
die **Ras|se**, die Rassen
**ras|seln**, er rasselt, die Rassel
**ras|ten**, sie rastet, die Rast, die Raststätte
der **Rat**, die Ratschläge, das Rathaus, Vergleich: → Rad
die **Ra|te** (Teilzahlung), die Raten
**ra|ten**, er rät, ich riet, sie hat geraten, ratsam
die **Ra|ti|on** (Anteil), die Rationen
das **Rät|sel**, die Rätsel, rätseln
die **Rat|te**, die Ratten
**rat|tern**, sie rattert
**rau**, rauer, am rauesten [rausten], der Raureif
der **Raub**, rauben, die Räuber, das Raubtier
der **Rauch**, rauchen, die Raucher, rauchig
**räu|chern**, sie räuchert
**rauf**, herauf
**rau|fen**, er rauft, die Rauferei
der **Raum**, die Räume, die Raumfahrt, das Raumschiff
**räu|men**, sie räumt
das **Rau|nen**, raunen
die **Rau|pe**, die Raupen
**raus**, heraus
der **Rausch**, die Räusche, das Rauschgift
**rau|schen**, es rauscht
sich **räus|pern**, er räuspert sich

die **Ravioli** (Nudelgericht)
die **Razzia**, die Razzien
**reagieren**, sie reagiert, die Reaktion
**real**, die Realität
die **Realschule**, die Realschulen
die **Rebe**, die Reben
der **Rechen** (Harke), die Rechen, rechen
**rechnen**, er rechnet, die Rechnung
**recht**, erst recht, das ist mir recht
das **Recht**, die Rechte, die Rechtsanwältin
das **Rechteck**, die Rechtecke, rechteckig
**rechtfertigen**, er rechtfertigt, die Rechtfertigung
**rechts**, rechtshändig, das rechte Ohr, rechtsherum
die **Rechtschreibung**
**rechtzeitig**
das **Reck**, die Recke [Recks]
**recken**, sie reckt sich

das **Recycling** (Wiederverwertung)
die **Rede**, die Reden, reden
**redlich**, die Redlichkeit
das **Referat**, die Referate
**reflektieren**, es reflektiert
die **Reform**, die Reformen, die Reformation, reformieren
der **Refrain** (Kehrreim), die Refrains
das **Regal**, die Regale
die **Regatta**, die Regatten
**rege**, geistig rege sein
die **Regel**, die Regeln, die Regelung, regelmäßig, regelrecht
**regen**, er regt sich, die Regung
der **Regen**, regnen, der Regenmantel, regnerisch
die **Regierung**, die Regierungen, regieren

der **Regisseur**, die Regisseure, die Filmregisseurin

das **Reh**, die Rehe, der Rehbock, das Rehkitz

**reiben**, sie reibt, ich rieb, er hat gerieben, die Reibung

**reich**, der Reichtum, die Reichen, reichlich, reichhaltig

das **Reich**, die Reiche, das Königreich

**reichen**, er reicht den Teller, es reicht ihr, ausreichen

**reif**, reifes Obst, reifen, die Reife

der **Reif**, der Raureif

der **Reif**, die Reife, der Armreif

der **Reifen**, die Reifen

der **Reigen**, die Reigen

die **Reihe**, die Reihen, reihen, reihum, die Reihenfolge

der **Reim**, die Reime, reimen

**rein**, reinigen, die Reinheit, die Reinigung

**rein**, herein

der **Reis**, das Reiskorn

**reisen**, sie reist, die Reise

das **Reisig**

**reißen**, er reißt, ich riss, sie hat gerissen, der Reißverschluss, der Riss

**reiten**, sie reitet, ich ritt, er ist [hat] geritten, die Reiterin

**reizen**, er reizt, reizend, der Reiz, gereizt

sich **rekeln** [räkeln], sie rekelt sich

die **Reklame**, die Reklamen

**reklamieren**, er reklamiert, die Reklamation

der **Rekord**, die Rekorde

der **Rekorder** [Recorder], die Rekorder, der DVD-Rekorder

der **Rektor**, die Rektoren, die Rektorin

A B C D E F G H I J K L M N O P Q R S T U V W X Y Z

**relativ** (vergleichsweise)
die **Religion**, die Religionen, religiös
die **Reling**, die Relings
die **Reliquie**, die Reliquien
**rempeln**, er rempelt, die Rempelei
**rennen**, sie rennt, ich rannte, er ist gerannt, das Rennen
**renovieren**, er renoviert, die Renovierung
die **Rente**, die Renten, die Rentner
das **Rentier**, die Rentiere
sich **rentieren**, es rentiert sich
**reparieren**, sie repariert, die Reparatur
die **Reporterin**, die Reporter, die Reportage
das **Reptil**, die Reptilien
die **Republik**, die Republiken
die **Reserve**, die Reserven
**reservieren**, er reserviert
der **Respekt**, respektieren
der **Rest**, die Reste
das **Restaurant**, die Restaurants
das **Resultat**, die Resultate
**retten**, sie rettet, die Retter, die Rettung
der **Rettich**, die Rettiche
die **Reue**, bereuen, reumütig
das **Revier**, die Reviere
die **Revolution**, die Revolutionen, die Revolutionäre
der **Revolver**, die Revolver
**Reykjavík** (Hauptstadt von Island)
das **Rezept**, die Rezepte
der **Rhabarber**
der **Rhein** (Fluss)
das **Rheinland**, die Rheinländer, rheinländisch
**Rheinland-Pfalz**, die Rheinland-Pfälzer, rheinland-pfälzisch

das **Rheuma**, rheumatisch
der **Rhythmus**, die Rhythmen, rhythmisch
der **Richter**, die Richter, die Richterin, richten
**richtig**, die Richtigkeit
die **Richtung**, die Richtungen
**riechen**, sie riecht, ich roch, er hat gerochen, der Geruch
die **Riege**, die Riegen
der **Riegel**, die Riegel
der **Riemen**, die Riemen
der **Riese**, die Riesen, riesig, riesengroß
**rieseln**, es rieselt
das **Riff**, die Riffe
**Riga** (Hauptstadt von Lettland)
die **Rille**, die Rillen
das **Rind**, die Rinder
die **Rinde**, die Rinden
der **Ring**, die Ringe
**ringen**, er ringt, ich rang, sie hat gerungen, der Ringer, der Ringkampf
**rings**, ringsherum
die **Rinne**, die Rinnen
**rinnen**, es rinnt, es rann, es ist geronnen, das Rinnsal
die **Rippe**, die Rippen
das **Risiko**, die Risiken [Risikos]
**riskieren**, sie riskiert, riskant
der **Riss**, die Risse, rissig
der **Ritt**, die Ritte, rittlings
der **Ritter**, die Ritter, ritterlich
**ritzen**, er ritzt, die Ritze
die **Rivalin**, die Rivalen
die **Robbe**, die Robben
der **Roboter**, die Roboter
**robust** (widerstandsfähig)
**röcheln**, sie röchelt
der **Rock**, die Röcke
der **Rock**, die Rocker, die Rockmusik
**rodeln**, er rodelt, der Rodel, die Rodelbahn
**roden**, sie rodet
der **Roggen**

A B C D E F G H I J K L M N O P Q R S T U V W X Y Z

**roh**, die Rohheit
das **Rohr**, die Rohre
die **Röh|re**, die Röhren
der **Roh|stoff**, die Rohstoffe
die **Rol|le**, die Rollen
**rol|len**, er rollt, der Roller, der Rollstuhl
der **Roll|la|den**, die Rollläden [Rollladen]
das **Rol|lo**, die Rollos
**Rom** (Hauptstadt von Italien), die Römer, römisch
der **Ro|man**, die Romane
**ro|man|tisch**, die Romantik
**rönt|gen**, sie röntgt, das Röntgenbild
**ro|sa**, rosig
die **Ro|se**, die Rosen
der **Ro|sen|kranz**, die Rosenkränze
die **Ro|si|ne**, die Rosinen
das **Ross** (Pferd), die Rosse [Rösser]
**ros|ten**, es rostet, rostiges Eisen, der Rost
**rös|ten**, er röstet, geröstete Mandeln
**rot**, rötlich, das Rote Kreuz, das Rotkehlchen, das Rotkäppchen
die **Rö|teln** (Krankheit)
die **Rou|te**, die Routen (Wegplan)
der **Row|dy** (gewalttätiger Mensch), die Rowdys
**rub|beln**, sie rubbelt
die **Rü|be**, die Rüben
der **Ruck**, die Rucke, ruckartig
**rü|cken**, er rückt
der **Rü|cken**, die Rücken, das Rückgrat, der Rückenwind
die **Rück|fahrt**, die Rückfahrten, die Rückfahrkarte
die **Rück|kehr**
das **Rück|licht**, die Rücklichter
der **Ruck|sack**, die Rucksäcke
die **Rück|sicht**, die Rücksichten, rücksichtslos
der **Rück|sitz**,

die Rücksitze
der Rück|strah|ler, die Rückstrahler
rück|wärts, rückwärtsfahren
der Rü|de, die Rüden
das Ru|del, die Rudel
ru|dern, sie rudert, das Ruder, die Ruderer
ru|fen, er ruft, ich rief, sie hat gerufen, der Ruf
die Rü|ge, die Rügen, rügen
die Ru|he, ruhen, ruhig
der Ruhm, rühmen, berühmt
die Ruhr (Fluss), das Ruhrgebiet
rüh|ren, sie rührt, rührend, die Rührung, das Rührei
die Ru|i|ne, die Ruinen, die Burgruine, ruinieren
rülp|sen, er rülpst, der Rülpser
rum, herum, rumstehen

der Rum (Branntwein)
Ru|mä|ni|en, die Rumänen, rumänisch
der Rum|mel, der Rummelplatz
ru|mo|ren, es rumort
rum|peln, es rumpelt, das Rumpelstilzchen
der Rumpf, die Rümpfe
rümp|fen, sie rümpft die Nase
rund, die Runde, die Rundung, rundlich, rundherum, runden
der Rund|funk
run|ter, herunter, runterhüpfen
die Run|zel, die Runzeln, runzeln, runzelig [runzlig]
der Rü|pel, die Rüpel, rüpelhaft
rup|fen, sie rupft
rup|pig, die Ruppigkeit
der Ruß, rußen, rußig
der Rüs|sel, die Rüssel
Russ|land, die Russen, russisch
rüs|ten, er rüstet
rüs|tig

die **Rüstung**, die Rüstungen
die **Rute**, die Ruten
die **Rutsche**, die Rutschen, rutschen, rutschig
**rütteln**, sie rüttelt

# S

der **Saal**, die Säle
**Saarbrücken**
das **Saarland**, die Saarländer, saarländisch
die **Saat**, die Saaten, säen
der **Sabbat** (jüdischer Feiertag), die Sabbate
**sabbern**, er sabbert
der **Säbel**, die Säbel, säbeln
die **Sache**, die Sachen, sachlich
die **Sachkunde**, der Sachunterricht
**Sachsen**, die Sachsen, sächsisch
**Sachsen-Anhalt**, die Sachsen-Anhalter, sachsen-anhaltisch
**sacht**, sachte
der **Sack**, die Säcke, die Sackgasse
**säen**, sie sät, die Saat
die **Safari**, die Safaris
der [das] **Safe** (Tresor), die Safes
der **Saft**, die Säfte, saftig
die **Sage**, die Sagen, sagenhaft
**sagen**, sie sagt
**sägen**, er sägt, die Säge
die **Sahara**
die **Sahne**, sahnig
die **Saison**, die Saisons
die **Saite** (beim Musikinstrument), die Saiten, Vergleich: → Seite
das **Sakrament**, die Sakramente
die **Sakristei**
der **Salamander**, die Salamander
die **Salami**, die Salami [Salamis]

der **Salat**, die Salate
die **Salbe**, die Salben, salben
der **Salto**, die Saltos [Salti]
das **Salz**, die Salze, salzen, salzig
der **Samen** [Same], die Samen
**sammeln**, sie sammelt, die Sammler, die Sammlung
der **Samstag**, die Samstage, am Samstag, samstags
der **Samt**, der Samtmantel
**sämtlich**, samt, allesamt
das **Sanatorium** (Heilanstalt), die Sanatorien
der **Sand**, die Sande, sandig
die **Sandale**, die Sandalen
der [das] **Sandwich** (belegtes Weißbrot), die Sandwiches [Sandwichs]

**sanft**, sanftmütig
die **Sänfte**, die Sänften
der **Sänger**, die Sänger, die Sängerin
die **Sanitäterin**, die Sanitäter
**Sankt** [St.], Sankt Martin
**Sarajevo** (Hauptstadt von Bosnien-Herzegowina)
die **Sardine**, die Sardinen
der **Sarg**, die Särge
der **Satan** (Teufel), satanisch
der **Satellit**, die Satelliten
**satt**, sättigen, sich satt essen
der **Sattel**, die Sättel, das Pferd satteln
der **Saturn** (Planet)
der **Satz**, die Sätze, das Satzglied
die **Sau**, die Säue [Sauen]
**sauber**, säubern, die Sauberkeit
**sauer**, saurer, am sauersten, die Säure, das Sauerkraut
der **Sauerstoff**

A B C D E F G H I J K L M N O P Q R S T U V W X Y Z

**saufen**, er säuft, ich soff, sie hat gesoffen, die Säufer

**saugen**, sie saugt, ich sog [saugte], er hat gesogen [gesaugt], der Sauger

**säugen**, sie säugt, das Säugetier, der Säugling

die **Säule**, die Säulen

der **Saum**, die Säume, säumen

die **Sauna**, die Saunas [Saunen]

die **Säure**, die Säuren

der **Saurier**, die Saurier

**sausen**, er saust

das **Saxofon** [Saxophon], die Saxofone

die **S-Bahn** (Schnellbahn), die S-Bahnen

der **Scanner**, die Scanner

**schaben**, er schabt, der Schaber

der **Schabernack**, die Schabernacke

**schäbig**

die **Schablone**, die Schablonen

das **Schach**, schachmatt, das Schachspiel

der **Schacht**, die Schächte

die **Schachtel**, die Schachteln

**schade**, es ist schade

der **Schädel**, die Schädel

der **Schaden**, die Schäden, schadenfroh, schaden, schädigen

**schädlich**, der Schädling

das **Schaf**, die Schafe, die Schäfer, der Schäferhund

**schaffen**, sie schafft

der **Schaffner**, die Schaffner

der **Schal**, die Schals [Schale]

die **Schale**, die Schalen

**schälen**, er schält

der **Schall**, schallen

**schalten**, sie schaltet

der **Schalter**, die Schalter

das **Schaltjahr**

die **Scham**, sich schämen, schamlos

die **Schande**, schändlich

die **Schanze**,
die Schanzen,
die Sprungschanze

die **Schar**, die Scharen,
scharenweise

**scharf**, schärfer, am
schärfsten, schärfen,
die Schärfe,
scharfsinnig

der **Scharlach** (Krankheit)

das **Scharnier**,
die Scharniere

**scharren**, sie scharrt

das [der] **Schaschlik**,
die Schaschliks

der **Schatten**,
die Schatten, schattig

der **Schatz**, die Schätze

**schätzen**, er schätzt,
die Schätzung

**schauen**, sie schaut,
die Schau,
das Schaufenster

der **Schauer**, die Schauer,
der Regenschauer

die **Schaufel**, die
Schaufeln, schaufeln

die **Schaukel**,
die Schaukeln,
das Schaukelpferd

**schaukeln**,
er schaukelt

der **Schaum**,
die Schäume,
schäumen

**schaurig**, schauerlich,
der Schauer

das **Schauspiel**,
die Schauspiele,
die Schauspieler

der **Scheck**, die Schecks

**scheckig** (gefleckt)

die **Scheibe**,
die Scheiben,
der Scheibenwischer

der **Scheich**, die Scheiche
[Scheichs]

die **Scheide**, die Scheiden

**scheiden**, sie
scheidet, ich schied,
er hat geschieden,
die Scheidung

der **Schein**, die Scheine,
der Scheinwerfer

**scheinbar**,
anscheinend,
scheinheilig

**scheinen**, sie scheint,
sie schien, sie hat
geschienen

der **Scheit**, die Scheite,
der Scheiterhaufen
der **Scheitel**, die Scheitel
**scheitern**, er scheitert
die **Schelle**, die Schellen,
**schellen**, sie schellt
der **Schelm**, die Schelme
**schelten**, sie schilt,
ich schalt,
er hat gescholten,
die Schelte
der **Schemel**, die Schemel
der **Schenkel**,
die Schenkel
**schenken**, er schenkt,
das Geschenk
**scheppern**,
es scheppert
die **Scherbe**, die Scherben
die **Schere**, die Scheren,
scheren
die **Schererei**,
die Scherereien
der **Scherz**, die Scherze,
scherzen, scherzhaft
**scheu**, scheuer,
am scheuesten,
die Scheu
**scheuchen**,
sie scheucht
**scheuen**,
er scheut sich
**scheuern**,
sie scheuert,
das Scheuertuch
die **Scheune**,
die Scheunen
das **Scheusal**,
die Scheusale
**scheußlich**
der **Schi** → Ski
die **Schicht**, die Schichten
**schick**
**schicken**, er schickt
das **Schicksal**,
die Schicksale
**schieben**, sie schiebt,
ich schob,
er hat geschoben,
der Schieber
die **Schiedsrichterin**,
die Schiedsrichter
**schief**
der **Schiefer** (Gestein)
**schielen**, er schielt
das **Schienbein**,
die Schienbeine
die **Schiene**, die Schienen
**schießen**, er schießt,
ich schoss,

sie hat geschossen,
der Schuss

das **Schiff**, die Schiffe, die Schifffahrt, der Schiffbruch, schiffbar

die **Schi|ka|ne**, die Schikanen, schikanieren

das **Schild** (Hinweis), die Schilder

der **Schild** (Schutz), die Schilde

**schil|dern**, er schildert, die Schilderung

die **Schild|krö|te**, die Schildkröten

das **Schilf**, die Schilfe

**schil|lern**, es schillert

der **Schim|mel** (Pilz), schimmeln, schimmlig [schimmelig]

der **Schim|mel** (weißes Pferd), die Schimmel

**schim|mern**, es schimmert, der Schimmer

der **Schim|pan|se**, die Schimpansen

**schimp|fen**, sie schimpft

**schin|den**, er schindet sich

der **Schin|ken**, die Schinken

die **Schip|pe**, die Schippen, schippen

der **Schirm**, die Schirme

die **Schlacht**, die Schlachten

**schlach|ten**, sie schlachtet, die Schlachterei, der Schlachter

die **Schla|cke**, die Schlacken

die **Schlä|fe**, die Schläfen

**schla|fen**, sie schläft, ich schlief, er hat geschlafen, der Schlaf, schläfrig

**schlaff**

der **Schlag**, die Schläge, die Schlagzeile

**schla|gen**, er schlägt, ich schlug, sie hat geschlagen

der **Schla|ger**, die Schlager, die Schlagersänger

A B C D E F G H I J K L M N O P Q R S T U V W X Y Z

der [das] **Schla|mas|sel**
der **Schlamm**, die Schlämme [Schlamme], schlammig
**schlam|pig**, die Schlamperei
die **Schlan|ge**, die Schlangen, sich schlängeln
**schlank**
**schlapp**, die Schlappe
das **Schla|raf|fen|land**
**schlau**, die Schlauheit, die Schläue
der **Schlauch**, die Schläuche
die **Schlau|fe**, die Schlaufen
**schlecht**, schlechter, am schlechtesten, die Schlechtigkeit
**schle|cken**, sie schleckt, die Schleckerei
**schlei|chen**, er schleicht, ich schlich, sie ist geschlichen
der **Schlei|er**, die Schleier, schleierhaft
die **Schlei|fe**, die Schleifen
**schlei|fen**, er schleift, ich schliff, sie hat geschliffen, der Schliff
der **Schleim**, die Schleime, schleimig
**schlem|men**, sie schlemmt
**schlen|dern**, er schlendert, der Schlendrian
**schlen|kern**, sie schlenkert
**schlep|pen**, er schleppt, der Schlepper, die Schleppe
**Schle|si|en**, die Schlesier, schlesisch
**Schles|wig-Hol|stein**, die Schleswig-Holsteiner, schleswig-holsteinisch
**schleu|dern**, er schleudert
**schleu|nig**, schleunigst
die **Schleu|se**,

die Schleusen, schleusen
schlicht, die Schlichtheit
schlich|ten, er schlichtet, die Schlichtung
der Schlick (Schlamm)
schlie|ßen, sie schließt, ich schloss, er hat geschlossen
schließ|lich
schlimm, schlimmstenfalls
die Schlin|ge, die Schlingen
der Schlin|gel, die Schlingel
schlin|gen, er schlingt, ich schlang, sie hat geschlungen
der Schlips, die Schlipse
der Schlit|ten, die Schlitten
schlit|tern, sie schlittert
der Schlitt|schuh, die Schlittschuhe
der Schlitz, die Schlitze
das Schloss, die Schlösser
die Schlos|se|rin, die Schlosser, die Schlosserei
der Schlot, die Schlote
schlot|tern, er schlottert
die Schlucht, die Schluchten
schluch|zen, sie schluchzt, das Schluchzen
schlu|cken, er schluckt, der Schluck
schlu|dern, sie schludert, schluderig [schludrig]
schlum|mern, er schlummert, der Schlummer
schlüp|fen, sie schlüpft, der Schlüpfer, schlüpfrig
schlur|fen, er schlurft über den Gang
schlür|fen, sie schlürft die Suppe
der Schluss, die Schlüsse
der Schlüs|sel, die Schlüssel, das Schlüsselloch

A B C D E F G H I J K L M N O P Q R S T U V W X Y Z

**schmäch|tig**
**schmack|haft**
**schmal**, schmaler [schmäler], am schmalsten [schmälsten]
das **Schmalz**, schmalzig
der **Schma|rot|zer**, die Schmarotzer, schmarotzen
**schmat|zen**, sie schmatzt
**schmau|sen**, er schmaust, der Schmaus
**schme|cken**, sie schmeckt
**schmei|cheln**, er schmeichelt, die Schmeichlerin, schmeichelhaft
**schmei|ßen**, sie schmeißt, ich schmiss, er hat geschmissen
**schmel|zen**, es schmilzt, es schmolz, es ist geschmolzen
der **Schmerz**, die Schmerzen, schmerzen, schmerzlich, schmerzhaft, schmerzlos
der **Schmet|ter|ling**, die Schmetterlinge
**schmet|tern**, er schmettert
der **Schmied**, die Schmiede, schmieden
**schmie|ren**, sie schmiert, die Schmiere, schmierig
die **Schmin|ke**, schminken
**schmir|geln**, er schmirgelt, das Schmirgelpapier
**schmö|kern**, sie schmökert
**schmol|len**, er schmollt
**schmo|ren**, es schmort
**schmü|cken**, sie schmückt, der Schmuck
**schmug|geln**, er schmuggelt, der Schmuggel,

die Schmuggler
**schmun|zeln**, sie schmunzelt
**schmu|sen**, er schmust
**schmut|zig**, der Schmutz
der **Schna|bel**, die Schnäbel
die **Schna|ke**, die Schnaken
die **Schnal|le**, die Schnallen, schnallen
**schnal|zen**, er schnalzt
**schnap|pen**, sie schnappt
der **Schnaps**, die Schnäpse
**schnar|chen**, er schnarcht
**schnat|tern**, sie schnattert
**schnau|ben**, er schnaubt
**schnau|fen**, sie schnauft
die **Schnau|ze**, die Schnauzen, schnauzen

sich **schnäu|zen**, sie schnäuzt sich
die **Schne|cke**, die Schnecken
der **Schnee**, der Schneeball, das Schneeglöckchen
**schnei|den**, sie schneidet, ich schnitt, er hat geschnitten
die **Schnei|de|rin**, die Schneider, schneidern
**schnei|en**, es schneit
die **Schnei|se**, die Schneisen
**schnell**, die Schnelligkeit
**schnip|peln**, er schnippelt
**schnip|pisch**
der [das] **Schnip|sel**, die Schnipsel
der **Schnitt**, die Schnitte
die **Schnit|te**, die Schnitten, Brotschnitten
der **Schnitt|lauch**
das **Schnit|zel**, die Schnitzel

**schnit|zen**, er schnitzt
der **Schnor|chel**, die Schnorchel
der **Schnör|kel**, die Schnörkel
**schnüf|feln**, sie schnüffelt, der Schnüffler
der **Schnul|ler**, die Schnuller
der **Schnup|fen**, schnupfen
**schnup|pern**, er schnuppert
die **Schnur**, die Schnüre, die Schnürsenkel, schnüren
der **Schnurr|bart**, die Schnurrbärte
**schnur|ren**, sie schnurrt
**schnur|stracks**
der **Schock**, die Schocks [Schocke] schocken, schockieren
die **Scho|ko|la|de**, die Schokoladen
die **Schol|le**, die Schollen
**schon**
**schön**, die Schönheit
**scho|nen**, er schont, die Schonung
der **Schopf**, die Schöpfe
**schöp|fen**, sie schöpft, der Schöpfer, die Schöpfung
der **Schorf**, die Schorfe
der **Schorn|stein**, die Schornsteine, der Schornsteinfeger
der **Schoß**, die Schöße
die **Scho|te**, die Schoten
der **Schot|ter**
**schräg**, die Schräge
die **Schram|me**, die Schrammen, schrammen
der **Schrank**, die Schränke
die **Schran|ke**, die Schranken
die **Schrau|be**, die Schrauben, der Schraubenzieher, schrauben
der **Schreck** [Schrecken], erschrecken, schrecklich, schreckhaft
**schrei|ben**, er schreibt, ich schrieb, sie hat geschrieben,

der Schreibtisch
**schreien**, sie schreit, ich schrie, er hat geschrien, der Schrei
die **Schreinerin**, die Schreiner
**schreiten**, er schreitet, ich schritt, sie ist geschritten
die **Schrift**, die Schriften, die Schriftsteller, schriftlich
**schrill**
der **Schritt**, die Schritte, schrittweise
**schroff**, die Schroffheit
der [das] **Schrot**, die Schrote
der **Schrott**, der Schrottplatz
**schrubben**, er schrubbt, der Schrubber
**schrumpfen**, sie schrumpft
der **Schub**, die Schübe, die Schubkarre, die Schublade
**schubsen** [schupsen], er schubst [schupst], der Schubs [Schups]
**schüchtern**, die Schüchternheit
der **Schuft**, die Schufte
**schuften**, sie schuftet
der **Schuh**, die Schuhe
die **Schuld**, der Schuldige, Schuld haben, schuldig, ich bin schuld, schuldlos
**schulden**, er schuldet ihr Geld, die Schulden
die **Schule**, die Schulen, schulfrei, die Schüler, das Schuljahr
die **Schulter**, die Schultern, schultern
**schummeln**, sie schummelt
der **Schund** (Minderwertiges)
**schunkeln**, sie schunkelt
die **Schuppe**, die Schuppen
der **Schuppen**, die Schuppen
**schüren**, er schürt
**schürfen**, er schürft, die Schürfwunde

A B C D E F G H I J K L M N O P Q R S T U V W X Y Z

der **Schurke**, die Schurken
die **Schürze**, die Schürzen
der **Schuss**, die Schüsse
die **Schüssel**, die Schüsseln
**schusselig** [schusslig]
der **Schuster**, die Schuster
der **Schutt**
**schütteln**, sie schüttelt, der Schüttelfrost
**schütten**, er schüttet
der **Schütze**, die Schützen
**schützen**, sie schützt, der Schutz, schutzlos
**Schwaben**, die Schwaben, schwäbisch
**schwach**, schwächer, am schwächsten, die Schwäche, schwächlich
der **Schwager**, die Schwäger, die Schwägerin
die **Schwalbe**, die Schwalben
der **Schwamm**, die Schwämme, schwammig
der **Schwan**, die Schwäne
**schwanger**, sie ist schwanger, die Schwangerschaft
**schwanken**, er schwankt
der **Schwanz**, die Schwänze
**schwänzen**, sie schwänzt die Schule
der **Schwarm**, die Schwärme, schwärmen
die **Schwarte**, die Schwarten
**schwarz**, schwärzen, schwarzsehen
**schwatzen**, [schwätzen], er schwatzt [schwätzt], die Schwätzer
**schweben**, sie schwebt
**Schweden**, die Schweden, schwedisch
der **Schwefel**,

schweflig [schwefelig]
**schwei|gen**, er schweigt, ich schwieg, sie hat geschwiegen, das Schweigen, schweigsam
das **Schwein**, die Schweine, die Schweinerei
der **Schweiß**, schweißtreibend
**schwei|ßen**, sie schweißt, die Schweißerin
die **Schweiz**, die Schweizer, schweizerisch
**schwe|len**, es schwelt, der Schwelbrand
die **Schwel|le**, die Schwellen
**schwel|len**, es schwillt, es schwoll, es ist geschwollen, die Schwellung
**schwen|ken**, sie schwenkt
**schwer**, schwerhörig, schwerfällig
**Schwe|rin**
das **Schwert**, die Schwerter
die **Schwes|ter**, die Schwestern
die **Schwie|ger|el|tern**, die Schwiegermutter, der Schwiegervater
die **Schwie|le**, die Schwielen
**schwie|rig**, die Schwierigkeit
**schwim|men**, er schwimmt, ich schwamm, sie ist geschwommen, die Schwimmer, rückenschwimmen, das Schwimmbad
**schwin|deln**, sie schwindelt, die Schwindler
**schwind|lig** [schwindelig], schwindelfrei, der Schwindel
**schwin|gen**, sie schwingt, ich schwang, er hat geschwungen

A B C D E F G H I J K L M N O P Q R S T U V W X Y Z

**schwirren**, sie schwirren
**schwitzen**, er schwitzt
**schwören**, sie schwört, ich schwor, er hat geschworen
**schwül**, die Schwüle
der **Schwung**, die Schwünge, schwungvoll
der **Schwur**, die Schwüre
**sechs**, sechzehn, sechzig, sechsmal, ein Sechstel
der **See** (im Land), die Seen
die **See** (Meer), die Ostsee, die Seefahrt, seekrank
die **Seele**, die Seelen, seelenruhig
das **Segel**, die Segel, das Segelboot, segeln
der **Segen**, die Segen, segnen
**sehen**, sie sieht, ich sah, er hat gesehen, sieh!, sehenswert, die Sehenswürdigkeit
die **Sehne**, die Sehnen
sich **sehnen**, er sehnt sich, die Sehnsucht, sehnsüchtig
**sehr**, sehr gut
**seicht**
**seid** → *sein*, seid leise, Vergleich: → seit
die **Seide**, der Seidenstoff
die **Seife**, die Seifen, seifig
das **Seil**, die Seile
**sein**, seine, seiner, sein Heft
**sein**, freundlich sein, ich bin, du bist, er ist, wir sind, ihr seid, sie sind, sie war, sie waren
**seit**, seit gestern, seitdem, Vergleich: → seid
die **Seite**, die Seiten, seitlich, seitwärts, seitenlang, Vergleich: → Saite
die **Sekretärin**, die Sekretärinnen, der Sekretär, das Sekretariat
der **Sekt** (Getränk)
die **Sekte**, die Sekten

die **Se|kun|de**, 20 Sekunden [20 s]
**selbst** [selber], selbst machen, selbstbewusst, selbstverständlich, der Selbstlaut (Vokal)
**selbst|stän|dig** [selbständig]
**se|lig**, die Seligkeit
der [die] **Sel|le|rie**
**sel|ten**, die Seltenheit
**selt|sam**
das **Se|mi|ko|lon** (Strichpunkt), die Semikolons [Semikola]
die **Sem|mel**, die Semmeln
der **Se|nat**, die Senate, die Senatoren
**sen|den**, sie sendet, ich sandte [sendete], er hat gesandt [gesendet], der Sender, die Sendung
der **Senf**
der **Se|ni|or**, die Senioren (ältere Menschen)
**sen|ken**, er senkt
**senk|recht**, die Senkrechte
die **Sen|sa|ti|on**, die Sensationen, sensationell
die **Sen|se**, die Sensen
**sen|si|bel**
**se|pa|rat**
der **Sep|tem|ber**
**Ser|bi|en**, die Serben, serbisch
die **Se|rie**, die Serien
**se|ri|ös** (vertrauenswürdig)
die **Ser|pen|ti|ne** (kurvige Bergstraße), die Serpentinen
das **Ser|vice** (Geschirr), die Service
der [das] **Ser|vice** (Kundendienst), die Services
**ser|vie|ren**, sie serviert
die **Ser|vi|et|te**, die Servietten
der **Ses|sel**, die Sessel
das [der] **Set**, die Sets (Zusammengehöriges)
**set|zen**, er setzt sich, der Setzling
die **Seu|che**, die Seuchen
**seuf|zen**, sie seufzt, der Seufzer

A B C D E F G H I J K L M N O P Q R **S** T U V W X Y Z

A B C D E F G H I J K L M N O P Q R S T U V W X Y Z

der **Sex**, sexy, der Sexualunterricht
das **Shampoo**, die Shampoos
der **Sheriff**, die Sheriffs
der **Shop** (Geschäft), die Shops
die **Shorts** (kurze Hose)
die **Show** (Vorführung), die Shows, der Showmaster
**sich**, sie setzt sich
die **Sichel**, die Sicheln
**sicher**, sicherlich, sichern, die Sicherheit, die Sicherung
die **Sicht**, sichtbar, sichten, sichtlich
**sickern**, es sickert, versickern
**sie**, sie liest
das **Sieb**, die Siebe, sieben
**sieben**, siebzehn, siebzig, siebenmal, siebtens
**sieden**, es siedet, siedend heiß, der Siedepunkt
die **Siedlung**, die Siedlungen, siedeln, die Siedler
der **Sieg**, die Siege, die Sieger, siegen, die Siegerehrung, siegreich
das **Siegel**, die Siegel
das **Signal**, die Signale, signalisieren
die **Silbe**, die Silben
das **Silber**, silbern, silbrig
der [das] **Silo**, die Silos
der [das] **Silvester**
**simpel** (einfach), ein simpler Trick
**sind** → *sein*, wir sind froh
**singen**, sie singt, ich sang, er hat gesungen
der **Single** (alleinstehender Mensch), die Singles
der **Singular** (Einzahl)
**sinken**, er sinkt, ich sank, sie ist gesunken
der **Sinn**, die Sinne, sinnvoll, sinnlos
die **Sintflut**
die **Sippe**, die Sippen

die **Sirene**, die Sirenen
der **Sirup**
die **Sitte**, die Sitten, sittsam
die **Situation**, die Situationen
**sitzen**, sie sitzt, ich saß, er hat gesessen, der Sitz, die Sitzung
die **Skala** (Maßeinteilung), die Skalen [Skalas]
der **Skandal**, die Skandale
**Skandinavien**, die Skandinavier, skandinavisch
der **Skat**, die Skatspieler
das **Skateboard**, die Skateboards
das **Skelett**, die Skelette
der **Sketch** [Sketsch], die Sketche
der **Ski** [Schi], die Skier [Ski], die Skifahrerin
die **Skizze**, die Skizzen, skizzieren
der **Sklave**, die Sklaven
**Skopje** (Hauptstadt von Mazedonien)
der **Skrupel**, die Skrupel, skrupellos
der **Slalom**, die Slaloms
der **Slip**, die Slips
**Slowakei**, die Slowaken, slowakisch
**Slowenien**, die Slowenen, slowenisch
der **Smog** (Abgasdunst)
die **SMS**, die SMS-Nachricht
das **Snowboard**, die Snowboards
**so**, so viele
**sobald**
die **Socke**, die Socken
der **Sockel**, die Sockel
**sodann**
**sodass** [so dass]
das **Sodbrennen**
**soeben**
das **Sofa**, die Sofas
**sofern**
**Sofia** (Hauptstadt von Bulgarien)
**sofort**
das **Softeis**
die **Software** (Computerprogramm)

A B C D E F G H I J K L M N O P Q R S T U V W X Y Z

sogar
sogenannt [sog.]
sogleich
die Sohle, die Sohlen, die Schuhsohle, Vergleich: → Sole
der Sohn, die Söhne
solang [solange], solang er mag, aber: eine so lange Zeit
die Solarenergie, solar
solch, solcher, solche, solches
der Sold, die Besoldung
der Soldat, die Soldaten
die Sole (Salzwasser), die Solen, Vergleich: → Sohle
sollen, er soll
das Solo, die Solos [Soli], die Solisten, solo
somit
der Sommer, die Sommer, sommerlich
das Sonderangebot, die Sonderangebote
sonderbar
sondern
der Song (Lied), die Songs
der Sonnabend (Samstag), die Sonnabende, sonnabends
die Sonne, die Sonnen, sonnig, sich sonnen, der Sonnenschirm
der Sonntag, die Sonntage, sonntags, sonntäglich
sonst
sooft, sooft du zu ihm gehst, aber: er kommt so oft zu mir
die Sorge, die Sorgen, sorgen, sie sorgt, sorgfältig, sorglos
die Sorte, die Sorten, sortieren
SOS (Notruf)
die Soße [Sauce], die Soßen
der Sound (Klangwirkung), die Sounds
das Souvenir (Andenken), die Souvenirs
soviel, soviel ich weiß, aber: er hat so viel Glück
soweit, soweit ich weiß, aber: er war so

weit weg
**so|wie** (und, sobald)
**so|wie|so**
**so|wohl** ... als auch ...
**so|zi|al**
**spach|teln**, er spachtelt, der Spachtel
die **Spa|ghet|ti** [Spagetti], Spaghetti bolognese
**spä|hen**, sie späht, die Späher
der **Spalt** [die Spalte], die Spalten, spalten
das **Spam** (unerwünschte E-Mail), die Spams
der **Span**, die Späne
die **Span|ge**, die Spangen
**Spa|ni|en**, die Spanier, spanisch
**span|nen**, er spannt
**span|nend**, die Spannung
**spa|ren**, sie spart, sparsam, die Spardose, die Sparsamkeit
der **Spar|gel**, die Spargel
**spär|lich**
der **Spaß**, die Späße, spaßen, spaßig
**spät**, spätestens
der **Spa|ten**, die Spaten
der **Spatz**, die Spatzen
**spa|zie|ren**, er spaziert, spazieren gehen, der Spaziergang
der **Specht**, die Spechte
der **Speck**, speckig
der **Speer**, die Speere
die **Spei|che**, die Speichen
der **Speichel**
der **Spei|cher**, die Speicher, speichern
**spei|en**, er speit, ich spie, sie hat gespien
die **Spei|se**, die Speisen, speisen, die Nachspeise
der **Spek|ta|kel** (Lärm), das Spektakel (Schauspiel), die Spektakel
**spen|den**, sie spendet, die Spende, die Spender, spendieren, spendabel
der **Sper|ling**, die Sperlinge
**sper|ren**, er sperrt, die Sperre, sperrig

A B C D E F G H I J K L M N O P Q R S T U V W X Y Z

der **Spe|zi|a|list**, die Spezialisten, die Spezialität, spezialisieren
**spe|zi|ell**
**spi|cken**, sie spickt, der Spickzettel
der **Spie|gel**, die Spiegel, spiegeln, spiegelglatt
**spie|len**, sie spielt, das Spiel, die Spieler, das Spielzeug
der **Spieß**, die Spieße, **spie|ßig**, die Spießer
der **Spi|nat**
die **Spin|del**, die Spindeln
die **Spin|ne**, die Spinnen, das Spinngewebe
**spin|nen**, er spinnt, ich spann, sie hat gesponnen
der **Spi|on**, die Spione, spionieren
die **Spi|ra|le**, die Spiralen
der **Spi|ri|tus**
**spitz**, spitzer, am spitzesten
die **Spit|ze**, die Spitzen
der **Spit|zel**, die Spitzel
der **Spit|zer**, die Spitzer, spitzen
der **Splitt** (kleine Steinchen)
der **Split|ter**, die Splitter, splittern
der **Spon|sor**, die Sponsoren
der **Sport**, die Sportler, sportlich, die Sportschau
der **Spot**, die Spots, der Werbespot
**spot|ten**, er spottet, der Spott, spöttisch
die **Spra|che**, die Sprachen, sprachlich, sprachlos
der [das] **Spray**, die Sprays, die Spraydose
**spre|chen**, sie spricht, ich sprach, er hat gesprochen, die Sprecher
**sprei|zen**, er spreizt
**spren|gen**, sie sprengt, die Sprengung, der Sprengstoff
das **Sprich|wort**, die Sprichwörter
**sprie|ßen**, es sprießt,

es spross,
es ist gesprossen
**springen**, er springt,
ich sprang,
sie ist gesprungen,
die Springer
**sprinten**, sie sprintet,
der Sprint,
die Sprinter
der **Sprit** (Treibstoff)
**spritzen**, er spritzt, die
Spritze, der Spritzer
**spröd** [spröde],
spröde Haut
die **Sprosse**,
die Sprossen
der **Spruch**, die Sprüche
der **Sprudel**, die Sprudel,
sprudeln
**sprühen**, sie sprüht,
der Sprühregen
der **Sprung**, die Sprünge,
springen, sprunghaft
**spucken**, er spuckt,
die Spucke
der **Spuk**, spuken,
es spukt
die **Spule**, die Spulen
**spülen**, er spült,
die Spülung

die **Spur**, die Spuren,
spuren, spurlos
**spüren**, sie spürt
der **Spurt**, die Spurts
[Spurte], spurten
sich **sputen**, er sputet sich
der **Staat**, die Staaten,
staatlich
der **Stab**, die Stäbe
**stabil**, die Stabilität
der **Stachel**, die Stacheln,
stachelig [stachlig]
das **Stadion**, die Stadien
die **Stadt**, die Städte, der
Stadtrat, städtisch
die **Staffel**, die Staffeln,
der Staffellauf
der **Stahl**, die Stähle,
stählern, stahlhart
der **Stall**, die Ställe,
der Kuhstall
der **Stamm**, die Stämme,
der Stammbaum,
stämmig
**stammeln**,
er stammelt
**stampfen**, sie stampft
der **Stand**, die Stände, der
Ständer, standhaft,
der Standpunkt

A B C D E F G H I J K L M N O P Q R S T U V W X Y Z

**ständig** (dauernd)
die **Stange**, die Stangen
der **Stängel**, die Stängel
**stänkern**, er stänkert
der **Stapel**, die Stapel, stapeln
**stapfen**, sie stapft
der **Star** (berühmter Mensch), die Stars, der Popstar
der **Star** (Vogel), die Stare
**stark**, stärker, am stärksten, die Stärke, stärken, die Stärkung
**starr** (fest), die Starrheit
**starren**, er starrt
der **Start**, die Starts, starten
die **Station**, die Stationen
das **Stativ**, die Stative
**statt**, anstatt, stattdessen
**stattfinden** → *finden*
**stattlich**
die **Statue**, die Statuen
der **Stau**, die Staus, stauen
der **Staub**, stauben, der Staubsauger, staubig
die **Staude**, die Stauden
**staunen**, sie staunt
das **Steak**, die Steaks
**stechen**, er sticht, ich stach, sie hat gestochen
**stecken**, sie steckt, der Stecker, der Steckbrief
der **Steg**, die Stege
**stehen**, er steht, ich stand, sie hat [ist] gestanden, stehen bleiben, die Stehlampe
**stehlen**, sie stiehlt, ich stahl, er hat gestohlen
**steif**, die Steifheit
**steigen**, er steigt, ich stieg, sie ist gestiegen, die Steigung
**steigern**, sie steigert, die Steigerung
**steil**, der Steilhang
der **Stein**, die Steine, steinig, steinhart, die Steinkohle
**stellen**, er stellt, die Stelle, die Stellung
die **Stelze**, die Stelzen,

stelzen
**stem|men**, sie stemmt
der **Stem|pel**, die Stempel, stempeln
die **Stepp|de|cke**, die Steppdecken
die **Step|pe**, die Steppen
**ster|ben**, er stirbt, ich starb, er ist gestorben, sterbenskrank, unsterblich
**ste|reo**, die Stereoanlage
**ste|ril** (keimfrei, unfruchtbar)
der **Stern**, die Sterne, die Sternschnuppe
**stets**, stetig
das **Steu|er** (Lenkrad), die Steuer, steuern
die **Steu|er** (Abgabe), die Steuern
die **Ste|war|dess**, die Stewardessen, der Steward
der **Stich**, die Stiche, das Stichwort, im Stich lassen, sticheln
**sti|cken**, er stickt, die Stickerei, der Sticker
**sti|ckig**
der **Stie|fel**, die Stiefel
die **Stief|el|tern**, der Stiefvater, die Stiefmutter
die **Stie|ge**, die Stiegen
der **Stiel** (Griff, Stängel), die Stiele, Vergleich: → Stil
der **Stier**, die Stiere
der **Stift**, die Stifte
**stif|ten**, sie stiftet, die Stiftung
der **Stil** (Darstellungsweise), die Stile, der Kunststil, Vergleich: → Stiel
**still**, die Stille
**stil|len**, sie stillt das Baby
die **Stim|me**, die Stimmen
**stim|men**, es stimmt
die **Stim|mung**, die Stimmungen
**stin|ken**, es stinkt, es stank, es hat gestunken, stinkfaul
**stip|pen** (tunken), er stippt

A B C D E F G H I J K L M N O P Q R S T U V W X Y Z

A B C D E F G H I J K L M N O P Q R S T U V W X Y Z

die **Stirn**, die Stirnen
**stö|bern**, sie stöbert
**sto|chern**, er stochert
der **Stock** (Stab), die Stöcke
der **Stock** (Etage), das Stockwerk, dreistöckig
**stock|dun|kel**, stockfinster
**sto|cken**, es stockt
**Stock|holm** (Hauptstadt von Schweden)
der **Stoff**, die Stoffe
**stöh|nen**, sie stöhnt
der **Stol|len**, die Stollen
**stolpern**, er stolpert
**stolz**, stolzer, am stolzesten, der Stolz, stolzieren
**stop|fen**, sie stopft
der **Stop|fen**, die Stopfen
die **Stop|pel**, die Stoppeln
**stop|pen**, er stoppt, der Stopp, die Stoppuhr
der **Stöp|sel**, die Stöpsel
der **Storch**, die Störche
**stö|ren**, sie stört, die Störung
**stör|risch**

die **Sto|ry** (Geschichte), die Storys
**sto|ßen**, er stößt, ich stieß, sie hat gestoßen, der Stoß, abstoßend
**stot|tern**, sie stottert
die **Stra|fe**, die Strafen, die Sträflinge, strafen, strafbar, sträflich
**straff**
der **Strahl**, die Strahlen, strahlen, strahlend, die Strahlung
die **Sträh|ne**, die Strähnen, strähnig
**stramm**
**stram|peln**, er strampelt
der **Strand**, die Strände, stranden
der **Strang**, die Stränge
die **Stra|pa|ze**, die Strapazen, strapazieren
die **Stra|ße**, die Straßen
**sträu|ben**, sie sträubt sich
der **Strauch**, die Sträucher
**strau|cheln**,

er strauchelt
der **Strauß** (Vogel), die Strauße
der **Strauß**, die Sträuße, der Blumenstrauß
**stre|ben**, er strebt, die Streber, strebsam
die **Stre|cke**, die Strecken, streckenweise
**stre|cken**, sie streckt
der **Streich**, die Streiche
**strei|cheln**, er streichelt
**strei|chen**, sie streicht, ich strich, er hat gestrichen, der Anstrich, der Strich
das **Streich|holz**, die Streichhölzer
**strei|fen**, sie streift, die Streife, der Streifenwagen
der **Strei|fen**, die Streifen, gestreift
der **Streik**, die Streiks, streiken
**strei|ten**, sie streitet, ich stritt, er hat gestritten, der Streit, die Streiterei
**streng**, die Strenge
der **Stress**, stressig
**streu|en**, sie streut, die Streuung, das Streusalz
**streu|nen**, er streunt
der [das] **Streu|sel**, die Streusel
der **Strich**, die Striche
der **Strick**, die Stricke
**stri|cken**, sie strickt, die Strickjacke
**strie|geln**, sie striegelt
der **Strie|men**, die Striemen
**strikt**
das **Stroh**, der Strohhalm
der **Strolch**, die Strolche, strolchen
der **Strom** (Fluss), die Ströme, die Strömung, strömen, stromabwärts
der **Strom**, das Stromkabel
die **Stro|phe**, die Strophen
**strot|zen**, sie strotzt
**strub|be|lig** [strubblig]
der **Stru|del**, die Strudel
der **Strumpf**, die Strümpfe
**strup|pig**

der **Struwwelpeter**
die **Stube**, die Stuben
das **Stück**, die Stücke, stückeln
das **Studio**, die Studios
das **Studium**, die Studien, die Studenten, studieren, die Studie
die **Stufe**, die Stufen
der **Stuhl**, die Stühle
die **Stulle** (Scheibe Brot), die Stullen
**stülpen**, sie stülpt
**stumm**
der **Stummel**, die Stummel
die **Stümperin**, die Stümper
**stumpf**, der Stumpfsinn
der **Stumpf**, die Stümpfe, der Baumstumpf
die **Stunde**, die Stunden, stundenlang, der Stundenplan, stündlich
**stupsen**, sie stupst ihn, der Stups
**stur**, die Sturheit
der **Sturm**, die Stürme, stürmisch, stürmen, die Stürmer
**stürzen**, er stürzt, der Sturz
die **Stute**, die Stuten
**Stuttgart**
**stutzen**, sie stutzt, stutzig
**stützen**, er stützt sie, die Stütze
das **Styropor**
das **Subjekt**, die Subjekte
das **Substantiv** (Nomen), die Substantive
**subtrahieren**, sie subtrahiert, die Subtraktion
**suchen**, er sucht, die Suche
die **Sucht**, die Süchte, süchtig
**Südamerika**, die Südamerikaner, südamerikanisch
der **Süden**, südlich, der Südpol
**sühnen**, sie sühnt, die Sühne
die **Summe**, die Summen, summieren

summen, er summt

der **Sumpf**, die Sümpfe, sumpfig

die **Sünde**, die Sünden, die Sünder, sündigen

**super**, der Superstar

die **Suppe**, die Suppen

**surfen**, sie surft, die Surfer

**surren**, es surrt

**süß**, süßer, am süßesten, süßen, süßlich, die Süße, die Süßigkeit

das **Sweatshirt** (weiter Pullover), die Sweatshirts

der **Swimmingpool**, die Swimmingpools

das **Symbol**, die Symbole, symbolisch

**symmetrisch**, die Symmetrie

die **Sympathie**, die Sympathien, sympathisch

die **Synagoge**, die Synagogen

das **System**, die Systeme, systematisch

die **Szene**, die Szenen

# T

der **Tabak**

die **Tabelle**, die Tabellen

das **Tablett**, die Tabletts [Tablette]

die **Tablette**, die Tabletten

das **Tabu**, die Tabus

der **Tacho** [Tachometer], die Tachos

der **Tadel**, die Tadel, tadeln, tadellos

die **Tafel**, die Tafeln

der **Tag**, die Tage, täglich, tagelang, tagsüber, tagtäglich, eines Tages

die **Tagung**, die Tagungen, tagen

die **Taille**, die Taillen, tailliert

der **Takt**, die Takte, taktlos, taktvoll

das **Tal**, die Täler

das **Talent**, die Talente, talentiert

der **Taler**, die Taler

der **Talg**, die Talge
der **Ta|lis|man**, die Talismane
die **Talk|show**, die Talkshows, die Talkmaster
**Tal|linn** (Hauptstadt von Estland)
das **Tan|dem**, die Tandems
der **Tank**, die Tanks, die Tankstelle, der Tanker
**tan|ken**, sie tankt
die **Tan|ne**, die Tannen, die Tannenzapfen
die **Tan|te**, die Tanten
der **Tanz**, die Tänze, tanzen, tänzeln, die Tänzer
die **Ta|pe|te**, die Tapeten, tapezieren
**tap|fer**, die Tapferkeit
**tap|pen**, er tappt
**tap|sen**, sie tapst, tapsig
**tar|nen**, er tarnt, die Tarnung
die **Ta|sche**, die Taschen
die **Tas|se**, die Tassen
die **Tas|te**, die Tasten, tasten, die Tastatur
die **Tat**, die Taten, die Täter, der Tatort
**tä|tig**, die Tätigkeit
die **Tä|to|wie|rung**, die Tätowierungen
die **Tat|sa|che**, die Tatsachen
**tat|säch|lich**
**tät|scheln**, sie tätschelt
die **Tat|ze**, die Tatzen
der **Tau**, die Tautropfen
das **Tau** (starkes Seil), die Taue, das Tauziehen
**taub**, die Taubheit, taubstumm
die **Tau|be**, die Tauben
**tau|chen**, sie taucht, die Taucher
**tau|en**, das Eis taut
die **Tau|fe**, die Taufen, taufen, die Taufpaten
**tau|gen**, es taugt nichts, tauglich
**tau|meln**, er taumelt
**tau|schen**, er tauscht, der Tausch
**täu|schen**, sie täuscht, die Täuschung
**tau|send**, tausendfach,

tausendste,
tausendmal

das **Taxi** [die Taxe],
die Taxis [Taxen]

das **Team** (Gruppe),
die Teams,
die Teamarbeit

die **Technik**, die
Techniken, technisch,
die Techniker,
die Technologie

der **Teddy** [Teddybär],
die Teddys

der **Tee**, die Tees

der **Teenager** (Jugendlicher),
die Teenager

der **Teer**, teeren

der **Teich**, die Teiche,
der Forellenteich

der **Teig**, die Teige,
der Brotteig

**teilen**, sie teilt,
der [das] Teil,
teilbar, die Teilung

**teilnehmen**
→ *nehmen*,
die Teilnahme,
die Teilnehmer,
teilnahmslos, teils

**teilweise**

das **Telefon**, die Telefone,
telefonieren,
telefonisch

das **Telegramm**,
die Telegramme,
telegrafieren

das **Teleskop** (Fernrohr),
die Teleskope

der **Teller**, die Teller

der **Tempel**, die Tempel

das **Temperament**,
die Temperamente,
temperamentvoll

die **Temperatur**,
die Temperaturen

das **Tempo**, die Tempos
[Tempi]

das **Tennis**, Tennis spielen

der **Teppich**, die Teppiche

der **Termin**, die Termine

das **Terrarium** (Behälter für
die Tierhaltung),
die Terrarien

die **Terrasse**,
die Terrassen

der **Terror**,
der Terrorismus,
die Terroristen

das **Testament**,
die Testamente

A B C D E F G H I J K L M N O P Q R S T U V W X Y Z

A B C D E F G H I J K L M N O P Q R S T U V W X Y Z

**tes|ten**, er testet, der Test, die Tests [Teste]
**teu|er**, teurer, am teuersten
der **Teu|fel**, die Teufel, teuflisch
der **Text**, die Texte
die **Tex|ti|li|en**
das **The|a|ter**, die Theater
die **The|ke**, die Theken
das **The|ma**, die Themen [Themata], thematisch
die **Theo|lo|gie**, die Theologen
die **The|o|rie**, die Theorien, theoretisch
die **The|ra|pie**, die Therapien, der Therapeut
das **Ther|mal|bad**, die Thermalbäder
das **Ther|mo|me|ter**, die Thermometer
die **Ther|mos|fla|sche**, die Thermosflaschen
der **Thron**, die Throne
der **Thun|fisch** [Tunfisch], die Thunfische
**Thü|rin|gen**, die Thüringer, thüringisch
**ti|cken**, es tickt, der Tick
das **Ti|cket**, die Tickets
**tief**, die Tiefe, tiefgekühlt
das **Tier**, die Tiere, die Tierärztin
der **Ti|ger**, die Tiger
**til|gen**, er tilgt
die **Tin|te**, die Tinten, der Tintenkiller
das **Ti|pi** (Indianerzelt), die Tipis
der **Tipp**, die Tipps
**tip|pen**, sie tippt, der Tippfehler, tipptopp
**Ti|ra|na** (Hauptstadt von Albanien)
der **Tisch**, die Tische, das Tischtennis
der **Tisch|ler**, die Tischler, die Tischlerei
der **Ti|tel**, die Titel, das Titelbild
der **Toast**, die Toaste [Toasts], der Toaster, das Toastbrot, toasten

toben, sie tobt,
die Tobsucht

die Tochter, die Töchter

der Tod, die Tode, tödlich,
todkrank, todmüde,
Vergleich: → tot

die Toilette, die Toiletten,

tolerant, die Toleranz,
tolerieren

toll, tollen, die Tollwut,
tollkühn

der Tollpatsch,
die Tollpatsche,
tollpatschig

der Tölpel, die Tölpel,
tölpelhaft

die Tomate, die Tomaten

die Tombola,
die Tombolas

der Ton (Bodenart),
die Tone

der Ton, die Töne, tönen,
die Tonleiter,
der Farbton

die Tonne, die Tonnen

der Topf, die Töpfe,
die Töpferin

topfit

das Tor, die Tore,
der Torwart

der Tor (Narr), die Toren,
die Torheit, töricht

der Torf, das Torfmoor

torkeln, er torkelt

der Tornado,
die Tornados

der Tornister,
die Tornister

die Torte, die Torten

tosen, tosender Sturm

tot, tot sein, die Toten,
totenstill, totlachen,
totschießen, töten
Vergleich: → Tod

total

das [der] Toto,
der Totoschein

die Tour, die Touren,
die Radtour, touren

der Tourist, die Touristen,
der Tourismus

die Tournee (Gastspielreise
von Künstlern),
die Tourneen

der Trabant,
die Trabanten

traben, er trabt,
der Trab

die Tracht, die Trachten

trächtig

die **Tra|di|ti|on**, die Traditionen, traditionell
der **Tra|fo** [Transformator], die Trafos
**trä|ge**, die Trägheit
**tra|gen**, sie trägt, ich trug, er hat getragen, der Träger, tragfähig, tragend
**tra|gisch**, die Tragik
**trai|nie|ren**, sie trainiert, das Training, die Trainer
der **Trak|tor**, die Traktoren
die **Tram**, die Trams
**tram|peln**, er trampelt
**tram|pen**, sie trampt
das **Tram|po|lin**, die Trampoline
die **Trä|ne**, die Tränen, tränen
**trän|ken**, er tränkt, die Tränke
der **Tran|sis|tor**, die Transistoren
das **Trans|pa|rent**, die Transparente, transparent
der **Trans|port**, die Transporte, transportieren
das **Tra|pez**, die Trapeze
**trat|schen**, sie tratscht, der Tratsch
die **Trau|be**, die Trauben
**trau|en**, sie traut ihm, die Trauung
**trau|ern**, er trauert, die Trauer, traurig
**träu|feln**, sie träufelt
der **Traum**, die Träume, träumen, traumhaft, die Träumerei
**trau|rig**, die Traurigkeit
der **Tre|cker** (Traktor), die Trecker
**tref|fen**, er trifft, ich traf, sie hat getroffen, treffend, der Treffer
**trei|ben**, sie treibt, ich trieb, er hat getrieben, der Treibstoff
der **Trend**, die Trends
**tren|nen**, er trennt, die Trennung, getrennt
die **Trep|pe**, die Treppen, das Treppenhaus, treppauf

der **Tresen**, die Tresen
der **Tresor**, die Tresore
**treten**, sie tritt, ich trat, er hat getreten, der Tritt
**treu**, die Treue, treulos
der [die] **Triangel**, die Triangeln
der [das] **Triathlon** (Dreikampf im Sport), die Triathlons
die **Tribüne**, die Tribünen
der **Trichter**, die Trichter
der **Trick**, die Tricks, tricksen
der **Trieb**, die Triebe, treiben
das **Trikot**, die Trikots
**trillern**, er trillert, die Trillerpfeife
**trimmen**, sie trimmt sich, der Trimm-dich-Pfad
**trinken**, er trinkt, ich trank, sie hat getrunken, das Trinkgeld
das **Trio** (drei Personen), die Trios
der **Trip** (Ausflug), die Trips
**trippeln**, sie trippelt
der **Tritt**, die Tritte, treten
der **Triumph**, die Triumphe, triumphieren
**trocken**, trocknen, die Trockenheit
der **Trödel**, der Trödler, der Trödelmarkt
**trödeln**, er trödelt
der **Trog**, die Tröge
die **Trommel**, die Trommeln, trommeln, die Trommler
die **Trompete**, die Trompeten
die **Tropen**, tropisch
**tropfen**, es tropft, tröpfeln
der **Tropfen**, die Tropfen
der **Trost**, trösten, trostlos
der **Trottel**, die Trottel
**trotten**, sie trottet
**trotz**, trotz des Regens
der **Trotz**, trotzig
**trotzdem**
**trüb** [trübe], trübselig, die Trübsal
der **Trubel**
**trügerisch**, trügen

A B C D E F G H I J K L M N O P Q R S T U V W X Y Z

die **Truhe**, die Truhen
die **Trümmer**, das Trümmerfeld
der **Trumpf**, die Trümpfe
die **Truppe**, die Truppen
der **Truthahn**, die Truthähne
**tschau!** [ciao!] (Abschiedsgruß)
**Tschechische Republik**, die Tschechen, tschechisch
**tschüs!** [tschüss!]
das **T-Shirt**, die T-Shirts
die **Tuba**, die Tuben
die **Tube**, die Tuben
das **Tuch**, die Tücher
**tüchtig**, die Tüchtigkeit
die **Tücke**, die Tücken, tückisch
die **Tugend**, die Tugenden
die **Tulpe**, die Tulpen
sich **tummeln**, sie tummelt sich
der **Tumor**, die Tumore
der **Tümpel**, die Tümpel
der **Tumult**, die Tumulte
**tun**, er tut, ich tat, sie hat getan
**tunken**, sie tunkt, die Tunke
der **Tunnel**, die Tunnel [Tunnels]
das **Tunwort** [Tuwort] (Verb), die Tunwörter
**tupfen**, er tupft, der Tupfer, der Tupfen
die **Tür**, die Türen
der **Turban**, die Turbane
die **Turbine**, die Turbinen
**turbulent**
die **Türkei**, die Türken, türkisch
**türkis** (Farbe)
der **Turm**, die Türme
**turnen**, sie turnt, die Turnerin, die Turnhalle
das **Turnier**, die Turniere
die **Tusche**, die Tuschen
**tuscheln**, er tuschelt
die **Tüte**, die Tüten
**tuten**, sie tutet
das **Tuwort** → Tunwort
der **Typ**, die Typen, typisch
der **Tyrann**, die Tyrannen, tyrannisieren

# U

die **U-Bahn** (Untergrundbahn), die U-Bahnen
**übel**, übler, am übelsten, das Übel, die Übelkeit
**üben**, er übt, die Übung
**über**
**überall**
das **Überbleibsel**, die Überbleibsel
der **Überblick**, überblicken
**überdrüssig**, der Überdruss
**übereinander**
**überempfindlich**
**überfahren** → *fahren*
der **Überfall**, die Überfälle, überfallen
der **Überfluss**, überflüssig
**überflutet**
**überfordern**, sie überfordert sich, die Überforderung
**überfüllt**
der **Übergang**, die Übergänge
**übergeben** → *geben*
**überhaupt**
**überheblich**
**überholen** → holen
**überhören** → hören
**überlassen** → *lassen*
**überlegen**, er überlegt, die Überlegung
**überlisten**, er überlistet
**übermorgen**
**übermüdet**
**übermütig**, der Übermut
**übernachten**, sie übernachtet, die Übernachtung
**übernehmen** → *nehmen*, die Übernahme
**überqueren**, er überquert, die Überquerung
**überraschen**, sie überrascht, die Überraschung
**überreden** → reden

A B C D E F G H I J K L M N O P Q R S T U V W X Y Z

**über|rei|chen** → reichen
die **Über|schrift**, die Überschriften
der **Über|schuss**, die Überschüsse
**über|schwäng|lich**
die **Über|schwem|mung**, die Überschwemmungen
**über|set|zen**, er übersetzt, die Übersetzung
**über|sicht|lich**, die Übersicht
**über|sie|deln**, sie übersiedelt, die Übersiedler
die **Über|stun|de**, die Überstunden
**über|tref|fen** → *treffen*
**über|trei|ben** → *treiben*, die Übertreibung,
**über|trie|ben**
**über|wäl|ti|gen**, er überwältigt, überwältigend
**über|wei|sen**, sie überweist, die Überweisung
**über|wie|gend**
**über|win|den** → *winden*
**über|zeu|gen**, er überzeugt, die Überzeugung
der **Über|zug**, die Überzüge
**üb|lich**
das **U-Boot** [Unterseeboot], die U-Boote
**üb|rig**, übrig bleiben
**üb|ri|gens**
die **Übung**, die Übungen
das **Ufer**, die Ufer
das **Ufo**, die Ufos
die **Uhr**, die Uhren, drei Uhr, die Uhrzeit
der **Uhu**, die Uhus
die **Uk|ra|i|ne**, die Ukrainer, ukrainisch
der **UKW-Sen|der** [Ultrakurzwellensender]
der **Ulk**, ulkig
**um**
**um|ar|men**, sie umarmt, die Umarmung
**um|bau|en** → bauen, der Umbau
**um|dre|hen** → drehen,

die Umdrehung
umeinander
umfahren → *fahren*
umfallen → *fallen*
der **Umfang**, umfangen, umfangreich
die **Umfrage**, die Umfragen
der **Umgang**, umgänglich
die **Umgebung**, umgeben
umgehen → *gehen*
umgekehrt, umkehren, die Umkehr
umhängen → hängen, der Umhang
umher, umherlaufen
umkippen → kippen
der **Umlaut**, die Umlaute
die **Umleitung**, die Umleitungen, umleiten
der **Umriss**, umreißen
der **Umschlag**, die Umschläge
umso, umso besser
umsonst
umständlich, der Umstand
umsteigen → *steigen*
umtauschen → tauschen, der Umtausch
der **Umweg**, die Umwege
die **Umwelt**, der Umweltschutz, umweltfreundlich
umziehen → *ziehen*, der Umzug, die Umzüge
unabhängig
unangenehm
unaufhörlich
unaufmerksam, die Unaufmerksamkeit
unausstehlich
unbedingt
unbehaglich, das Unbehagen
unbeholfen
unbekannt
unbequem
unbeschränkt
unbeschreiblich
unbezahlbar
und
undankbar, die Undankbarkeit
unendlich, die Unendlichkeit
unentschieden

A B C D E F G H I J K L M N O P Q R S T U V W X Y Z

unerhört
unerträglich
unfähig
unfair
der Unfall, die Unfälle
unfreundlich
der Unfug
Ungarn, die Ungarn, ungarisch
ungeduldig, die Ungeduld
ungefähr
das Ungeheuer, die Ungeheuer,
ungehindert
ungehorsam, der Ungehorsam
ungenau, die Ungenauigkeit
ungenügend
ungerecht, die Ungerechtigkeit
ungeschickt
ungewiss, die Ungewissheit
ungewöhnlich
das Ungeziefer
ungezogen
unglaublich
das Unglück, die Unglücke, unglücklich
ungültig
das Unheil
unheimlich
unhöflich
die Uniform, die Uniformen
uninteressant
die Universität, die Universitäten
die Unkosten
das Unkraut
unmittelbar
unmöglich
unnötig
das Unrecht
unruhig, die Unruhe
uns, unser, unsere
die Unschuld, unschuldig
der Unsinn, unsinnig
unten
unter, untereinander
unterbrechen → *brechen*, die Unterbrechung
unterbringen → *bringen*, die Unterbringung
untereinander

die **Un|ter|füh|rung**, die Unterführungen
der **Un|ter|gang**, die Untergänge, untergehen
der **Un|ter|grund**
**un|ter|halb**
**un|ter|hal|ten** → *halten*, die Unterhaltung
das **Un|ter|hemd**, die Unterhemden
**un|ter|ir|disch**
die **Un|ter|kunft**, die Unterkünfte
die **Un|ter|la|ge**, die Unterlagen
**un|ter|neh|men** → *nehmen*, das Unternehmen
der **Un|ter|richt**, unterrichten
der **Un|ter|schied**, die Unterschiede, unterscheiden, unterschiedlich
der **Un|ter|schlupf**, die Unterschlüpfe
die **Un|ter|schrift**, die Unterschriften, unterschreiben
**un|ter|stüt|zen** → stützen, die Unterstützung
**un|ter|su|chen** → suchen, die Untersuchung
die **Un|ter|wä|sche**
**un|ter|wegs**
**un|ter|wür|fig**, unterwerfen, die Unterwerfung
**un|ver|gess|lich**
**un|ver|nünf|tig**
**un|ver|schämt**, die Unverschämtheit
**un|ver|ständ|lich**
**un|ver|züg|lich**
**un|vor|sich|tig**
das **Un|wet|ter**, die Unwetter
**un|wis|send**
**un|zäh|lig**
**un|zer|trenn|lich**
**un|zu|frie|den**, die Unzufriedenheit
**üp|pig**
**ur|alt**
der **Ura|nus** (Planet)
die **Ur|groß|el|tern**
der **Urin**

die **Urkunde**, die Urkunden
der **Urlaub**, die Urlaube, die Urlauber
die **Urne**, die Urnen
die **Ursache**, die Ursachen
der **Ursprung**, die Ursprünge, ursprünglich
das **Urteil**, die Urteile, urteilen
der **Urwald**, die Urwälder
die **USA** (Vereinigte Staaten von Amerika)
die **UV-Strahlen** (ultraviolette Strahlen)

# V

**Vaduz** (Hauptstadt von Liechtenstein)
der **Vagabund**, die Vagabunden
**vage** (unbestimmt)
die **Vagina**
**Valentinstag** (14. Februar)
**Valletta** (Hauptstadt von Malta)
der **Vampir**, die Vampire
die **Vanille**, das Vanilleeis
die **Vase**, die Vasen
der **Vater**, die Väter, väterlich, der Vati, das Vaterunser
der **Vatikan** (Wohnsitz des Papstes in Rom)
der **Vegetarier**, die Vegetarier, vegetarisch
die **Vegetation** (Pflanzenwelt), die Vegetationen
das **Veilchen**, die Veilchen
die **Vene** (Blutgefäß), die Venen
das **Ventil**, die Ventile
der **Ventilator**, die Ventilatoren
die **Venus** (Planet)
**verabreden**, er verabredet, die Verabredung
**verabschieden**, sie verabschiedet,

die Verabschiedung
**ver|ach|ten**,
er verachtet,
die Verachtung
die **Ve|ran|da**,
die Veranden
**ver|än|dern**,
sie verändert,
veränderlich,
die Veränderung
**ver|an|stal|ten**,
er veranstaltet,
die Veranstaltung
die **Ver|ant|wor|tung**,
verantworten
das **Verb** (Tunwort),
die Verben
der **Ver|band**,
die Verbände,
das Verbandszeug
**ver|ber|gen** → *bergen*
**ver|bes|sern**,
sie verbessert,
die Verbesserung
sich **ver|beu|gen**,
er verbeugt sich,
die Verbeugung
**ver|bie|ten**, sie
verbietet, ich verbot,
er hat verboten

**ver|bin|den** → *binden*,
die Verbindung,
verbindlich
**ver|blüf|fen**,
er verblüfft,
die Verblüffung
das **Ver|bot**, die Verbote
**ver|brau|chen**,
sie verbraucht,
die Verbraucher
das **Ver|bre|chen**,
die Verbrechen,
die Verbrecher
**ver|brei|ten**,
die Verbreitung
**ver|bren|nen**
→ *brennen*,
die Verbrennung
der **Ver|dacht**,
verdächtigen,
verdächtig
**ver|dam|men**,
sie verdammt,
die Verdammung
**ver|dau|en**, er verdaut,
die Verdauung,
verdaulich
**ver|de|cken**,
sie verdeckt,
das Verdeck

A B C D E F G H I J K L M N O P Q R S T U V W X Y Z

**ver|der|ben**, es verdirbt, es verdarb, es ist verdorben, das Verderben, verderblich

**ver|die|nen**, sie verdient, der Verdienst

**ver|dop|peln**, er verdoppelt, die Verdoppelung

**ver|dor|ren**, es verdorrt

**ver|dun|keln**, er verdunkelt, die Verdunkelung

**ver|dün|nen**, sie verdünnt, die Verdünnung

**ver|duns|ten**, es verdunstet, die Verdunstung

**ver|durs|ten**, er verdurstet

**ver|dutzt**

**ver|eh|ren**, sie verehrt, die Verehrung

der **Ver|ein**, die Vereine, vereinen, vereinigen, die Vereinigung

**ver|ein|ba|ren**, er vereinbart, die Vereinbarung

**ver|ein|zelt**

**ver|fah|ren** → *fahren*, das Verfahren

**ver|fas|sen**, sie verfasst, die Verfasser, die Verfassung

**ver|fil|men**, er verfilmt, die Verfilmung

**ver|flixt**

**ver|flu|chen** → fluchen

**ver|fol|gen**, sie verfolgt, die Verfolgung

die **Ver|gan|gen|heit**, vergangen, vergänglich

der **Ver|ga|ser**, die Vergaser

**ver|ge|ben**, er vergibt, ich vergab, sie hat vergeben, die Vergebung

**ver|ge|bens**, vergeblich

**ver|ges|sen**, er vergisst, ich vergaß, sie hat vergessen, die Vergesslichkeit,

vergesslich
**ver|geu|den**, er vergeudet
**ver|gif|ten**, sie vergiftet, die Vergiftung
das **Ver|giss|mein|nicht**
**ver|glei|chen**, er vergleicht, ich verglich, sie hat verglichen, der Vergleich
das **Ver|gnü|gen**, die Vergnügen, sich vergnügen
**ver|grö|ßern**, er vergrößert, die Vergrößerung
**ver|haf|ten**, sie verhaftet, die Verhaftung
das **Ver|hal|ten**, sich verhalten
das **Ver|hält|nis**, die Verhältnisse, verhältnismäßig
das **Ver|hält|nis|wort** (Präposition), die Verhältniswörter
**ver|han|deln**, er verhandelt, die Verhandlung
**ver|hee|rend**
**ver|heim|li|chen**, sie verheimlicht
**ver|hei|ra|tet**
**ver|hin|dern**, sie verhindert, die Verhinderung
das **Ver|hör**, die Verhöre, verhören
**ver|hü|ten**, er verhütet, die Verhütung
sich **ver|ir|ren**, sie verirrt sich
**ver|kau|fen** → kaufen, der Verkauf, die Verkäufer
der **Ver|kehr**, verkehrssicher
**ver|kehrt** (falsch)
**ver|klei|den**, er verkleidet sich, die Verkleidung
die **Ver|kün|di|gung** [Verkündung], verkündigen
**ver|kür|zen** → kürzen
der **Ver|lag**, die Verlage, die Verleger
**ver|lan|gen**, er verlangt

A B C D E F G H I J K L M N O P Q R S T U V W X Y Z

A B C D E F G H I J K L M N O P Q R S T U V W X Y Z

**ver|län|gern**, sie verlängert, die Verlängerung

**ver|las|sen**, er verlässt, ich verließ, sie hat verlassen

**ver|läss|lich**

**ver|lau|fen** → *laufen*

**ver|le|gen**, er verlegt, die Verlegenheit, sie ist verlegen

**ver|lei|hen** → *leihen*, der Verleih

**ver|let|zen**, er verletzt, die Verletzung, die Verletzten

sich **ver|lie|ben** → lieben, verliebt, die Verliebten

**ver|lie|ren**, sie verliert, ich verlor, er hat verloren

das **Ver|lies**, die Verliese

die **Ver|lo|bung**, die Verlobungen, sich verloben

**ver|lo|cken**, er verlockt, die Verlockung

**ver|lo|sen**, sie verlost, die Verlosung

der **Ver|lust**, die Verluste

sich **ver|mäh|len**, er vermählt sich, die Vermählung

**ver|meh|ren**, sie vermehrt, die Vermehrung

**ver|mei|den** → *meiden*, vermeidbar

**ver|mie|ten**, er vermietet, die Vermieter

**ver|mis|sen**, sie vermisst, die Vermissten

das **Ver|mö|gen**, die Vermögen, vermögend

**ver|mu|ten**, er vermutet, die Vermutung, vermutlich

**ver|nach|läs|si|gen**, sie vernachlässigt, die Vernachlässigung

**ver|neh|men** → *nehmen*, die Vernehmung

**ver|nei|gen** → neigen, die Verneigung

**vernichten**,
er vernichtet,
die Vernichtung
die **Vernunft**, vernünftig
**verpacken** → packen,
die Verpackung
**verpassen**,
sie verpasst
die **Verpflegung**,
verpflegen
die **Verpflichtung**,
verpflichten
**verprügeln** → prügeln
**verraten**, er verrät,
ich verriet, sie hat
verraten, der Verrat,
die Verräter,
verräterisch
sich **verrechnen**
→ rechnen
**verreiben** → *reiben*
**verreisen** → reisen
**verrenken**,
sie verrenkt sich,
die Verrenkung
**verrosten**,
es verrostet
**verrückt**, verrückt
sein, die Verrückten
der **Vers** (Zeile eines
Gedichtes), die Verse
**versagen**, er versagt,
die Versager
**versammeln**,
sie versammelt,
die Versammlung
**versäumen**,
er versäumt,
das Versäumnis
**verschieden**
**verschlafen**
→ *schlafen*
**verschlampen**,
sie verschlampt
**verschlechtern**,
er verschlechtert
**verschließen**
→ *schließen*,
der Verschluss
**verschmutzen**,
sie verschmutzt,
die Verschmutzung
**verschnupft**
**verschwenden**,
er verschwendet,
die Verschwendung
**verschwinden**,
sie verschwindet,
ich verschwand,
er ist verschwunden

A B C D E F G H I J K L M N O P Q R S T U V W X Y Z

das **Ver|se|hen**, die Versehen, versehentlich

**ver|sen|den** → *senden*, der Versand

**ver|sen|ken** → senken

**ver|set|zen**, er versetzt, die Versetzung

**ver|si|chern**, sie versichert, die Versicherung

**ver|söh|nen**, er versöhnt, die Versöhnung

**ver|sor|gen** → sorgen, die Versorgung

sich **ver|spä|ten**, er verspätet sich, die Verspätung

**ver|spre|chen** → *sprechen*, das Versprechen

der **Ver|stand**, verständig

**ver|stän|di|gen**, sie verständigt, die Verständigung, verständlich, das Verständnis, verständnisvoll

der **Ver|stär|ker**, die Verstärker, verstärken

**ver|stau|chen**, er verstaucht, die Verstauchung

**ver|ste|cken**, sie versteckt, das Versteck

**ver|ste|hen**, er versteht, ich verstand, sie hat verstanden

**ver|stei|gern**, er versteigert, die Versteigerung

die **Ver|stei|ne|rung**, die Versteinerungen

**ver|stopft**

der **Ver|such**, die Versuche, versuchen

**ver|tei|di|gen**, sie verteidigt, die Verteidigung, die Verteidiger

**ver|tei|len**, er verteilt, die Verteilung

der **Ver|trag**, die Verträge

**ver|tra|gen**, er verträgt, ich vertrug, sie hat vertragen das **Vertrauen**, vertrauen, vertraulich, vertraut

**verträumt**

**vertreiben** → *treiben*, die Vertreibung

**vertreten** → *treten*, die Vertreter, die Vertretung

**verunglücken**, er verunglückt

**verurteilen**, sie verurteilt, die Verurteilung

**vervielfältigen**, er vervielfältigt

**verwahren**, sie verwahrt etwas

**verwalten**, er verwaltet, die Verwaltung

**verwandeln**, sie verwandelt, die Verwandlung

**verwandt**, die Verwandtschaft, die Verwandte

**verwechseln**, er verwechselt, die Verwechslung

**verweigern**, sie verweigert, die Verweigerung

der **Verweis**, die Verweise

**verwelken**, sie verwelkt

**verwenden** → wenden, die Verwendung

**verwirren**, er verwirrt, die Verwirrung

**verwittern**, es verwittert, die Verwitterung

**verwöhnen**, sie verwöhnt

**verwunden**, er verwundet sich, die Verwundung, die Verwundeten, verwundbar

**verwundert**, verwundern, die Verwunderung

**verzaubert**, die Verzauberung

**verzehren**, sie verzehrt, der Verzehr

das **Verzeichnis**, die Verzeichnisse, verzeichnen

A B C D E F G H I J K L M N O P Q R S T U V W X Y Z

**ver|zei|hen**, er verzeiht, ich verzieh, sie hat verziehen, die Verzeihung
**ver|zich|ten**, sie verzichtet, der Verzicht
**ver|zie|ren**, er verziert, die Verzierung
**ver|zö|gern** → zögern, die Verzögerung
**ver|zwei|feln**, sie verzweifelt, die Verzweiflung
die [das] **Ves|per** (Mahlzeit), die Vespern, vespern
der **Vet|ter**, die Vettern
das **Vi|deo**, die Videos, die Videothek
das **Vieh**, die Viehzucht
**viel**, mehr, am meisten, vielfältig, vielmals, Vergleich: fiel → *fallen*
**viel|leicht**
**vier**, vierzehn, vierzig, vierfach, viertens, das Viereck, viereckig
das **Vier|tel**, die Viertel, eine Viertelstunde
die **Vil|la**, die Villen
**vi|o|lett**
die **Vi|o|li|ne** (Geige), die Violinen
der [das] **Vi|rus**, die Viren
die **Vi|si|te**, die Visiten
das **Vi|sum**, die Visa [Visen]
das **Vi|ta|min**, die Vitamine
die **Vi|t|ri|ne**, die Vitrinen
der **Vo|gel**, die Vögel
die **Vo|ka|bel**, die Vokabeln
der **Vo|kal** (Selbstlaut), die Vokale
das **Volk**, die Völker
**voll**, völlig, vollenden, vollkommen, vollständig
der **Vol|ley|ball**, die Volleybälle
**vom** (von dem)
**von**, voneinander
**vor**
**vo|r|an**, voranlaufen
**vo|r|aus**, voraussichtlich, die Voraussetzung, im Voraus
**vor|bei**, vorbeilaufen
**vor|be|rei|ten**,

er bereitet vor,
die Vorbereitung
**vorbeugen**,
sie beugt vor,
die Vorbeugung
das **Vorbild**, die Vorbilder,
vorbildlich
**vordere**,
das Vorderrad
die **Vorfahrt**
der **Vorfall**, die Vorfälle
der **Vorgang**, die
Vorgänge, vorgehen,
die Vorgänger
die **Vorgesetzte**,
die Vorgesetzten
**vorgestern**
**vorhanden**
der **Vorhang**,
die Vorhänge
**vorher**,
die Vorhersage
**vorhin**
**vorig**, vorige Woche
**vorkommen**
→ *kommen*,
es kommt vor
die **Vorlage**, die Vorlagen
**vorläufig**
**vorlaut**, vorlaut sein

**vorlegen**, er legt vor
**vorlesen**, sie liest vor,
ich las vor,
er hat vorgelesen
der **Vormittag**,
die Vormittage, am
Vormittag, vormittags
**vorn**, vorne, vornüber
der **Vorname**,
die Vornamen
**vornehm**
der **Vorort**, die Vororte
der **Vorrat**, die Vorräte,
vorrätig
**vorsagen** → sagen
der **Vorsatz**, die Vorsätze
die **Vorschau**
der **Vorschlag**,
die Vorschläge
die **Vorschrift**,
die Vorschriften
die **Vorsicht**, vorsichtig
die **Vorsilbe**,
die Vorsilben
der **Vorsprung**
der **Vorstand**,
die Vorstände
die **Vorstellung**,
die Vorstellungen,
vorstellen

der **Vorteil**, die Vorteile, vorteilhaft

der **Vortrag**, die Vorträge, vortragen

**vortrefflich**

**vorüber**, vorübergehend

die **Vorwahl**, die Vorwahlen

**vorwärts**

**vorwiegend**

der **Vorwurf**, die Vorwürfe, vorwerfen

der **Vorzug**, die Vorzüge, vorzüglich

der **Vulkan**, die Vulkane, vulkanisch

# W

die **Waage**, die Waagen, waagerecht [waagrecht]

die **Wabe**, die Waben

die **Wache**, die Wachen, die Wächter

**wachen**, sie wacht, wach, wachsam, die Wachsamkeit

das **Wachs**, die Wachse, das Bienenwachs

**wachsen**, er wächst, ich wuchs, sie ist gewachsen, das Gewächs, der Wuchs, das Wachstum

**wackeln**, sie wackelt, wackelig [wacklig]

die **Wade**, die Waden

die **Waffe**, die Waffen

die **Waffel**, die Waffeln

**wagen**, er wagt, das Wagnis, waghalsig

der **Wagen**, die Wagen, das Wagenrad

der **Waggon** [Wagon], die Waggons

die **Wahl**, die Wahlen, die Wähler, wählen, Vergleich: → Wal

**wahnsinnig**, der Wahnsinn

**wahr**, die Wahrheit, wahrscheinlich,

wahrlich,
Vergleich: → war
**wäh|rend**,
währenddessen
**wahr|neh|men**
→ *nehmen*,
die Wahrnehmung
**wahr|sa|gen**,
er wahrsagt,
die Wahrsagerin
**wahr|schein|lich**
die **Wäh|rung**,
die Währungen
das **Wahr|zei|chen**,
die Wahrzeichen
die **Wai|se**, die Waisen,
das Waisenkind,
Vergleich: → Weise
der **Wal** (Meerestier),
die Wale,
Vergleich: → Wahl
der **Wald**, die Wälder
der **Wall** (Erdwall),
die Wälle
die **Wall|fahrt**,
die Wallfahrten
die **Wal|nuss**,
die Walnüsse
das **Wal|ross**, die Walrosse
die **Wal|ze**, die Walzen,
walzen
**wäl|zen**, er wälzt sich
der **Wal|zer** (Tanz)
die **Wand**, die Wände
der **Wan|del**, wandeln
**wan|dern**, sie wandert,
die Wanderer
[Wandrer],
die Wanderung
die **Wan|ge**, die Wangen
**wan|ken**, er wankt
**wann**
die **Wan|ne**, die Wannen
die **Wan|ze**, die Wanzen
das **Wap|pen**, die Wappen
**war** → *sein*,
es war einmal,
Vergleich: → wahr
**wä|re** → *sein*,
das wäre schön
die **Wa|re**, die Waren
**warm**, wärmer,
am wärmsten
die **Wär|me**, wärmen,
die Wärmflasche
**war|nen**, sie warnt,
die Warnung
**War|schau** (Hauptstadt
von Polen)
ihr **wart**, du warst → *sein*

A B C D E F G H I J K L M N O P Q R S T U V W X Y Z

A B C D E F G H I J K L M N O P Q R S T U V W X Y Z

**warten**, er wartet, das Wartezimmer, die Wärter

**warum**

die **Warze**, die Warzen

**was**

die **Wäsche**, die Wäscherei, der Waschlappen

**waschen**, sie wäscht, ich wusch, er hat gewaschen

das **Wasser**, wasserdicht, der Wasserhahn, wässrig

**waten**, er watet durch das Watt

die **Watsche** (Ohrfeige), die Watschen

**watscheln**, sie watschelt

das **Watt**, 40 Watt, das Wattenmeer

die **Watte**, wattiert

das **WC** (Toilette), die WCs [WC]

**weben**, er webt, der Webrahmen

**wechseln**, sie wechselt, der Wechsel

der **Weck** (Brötchen) [die Wecke, der Wecken], die Wecke [Wecken]

**wecken**, sie weckt ihn auf, der Wecker

**wedeln**, er wedelt

**weder**, weder er noch sie

**weg**, er geht weg, wegfahren, weggehen, weglaufen, wegnehmen, wegwerfen

der **Weg**, die Wege, der Wegweiser

**wegen**, wegen der Tiere

**weh**, es tut weh, wehleidig

die **Wehe**, die Wehen, die Schneewehe, die Geburtswehen

**wehen**, der Wind weht

**wehren**, sie wehrt sich, wehrlos

das **Wehwehchen**, die Wehwehchen

das **Weib**, die Weiber,

weiblich
**weich**
die **Weiche**, die Weichen
**weichen**, er weicht, ich wich, sie ist gewichen
die **Weide**, die Weiden
sich **weigern**, sie weigert sich, die Weigerung
**weihen**, die Weihe, der Weihrauch
der **Weiher** (Teich), die Weiher
**Weihnachten**, die Weihnacht, weihnachtlich, der Weihnachtsbaum
**weil**
die **Weile**, nach einer Weile
der **Wein**, die Weine, die Weinlese
**weinen**, sie weint, weinerlich
**weise**, weise sein, die Weisheit, die Weisen, weismachen
die **Weise**, die Art und Weise, Vergleich: → Waise

**weisen**, er weist die Richtung, ich wies, sie hat gewiesen
**weiß**
**Weißrussland**, die Weißrussen, weißrussisch
**weit**, weiter, am weitesten, ohne Weiteres, die Weite
**weiterfahren** → *fahren*, weitergehen, weiterlaufen, weitersagen
**weitsichtig**
der **Weizen**, das Weizenmehl
**welch**, welche, welcher, welches
**welken**, die Blume welkt, sie ist welk
die **Welle**, die Wellen
der **Wellensittich**, die Wellensittiche
der **Welpe**, die Welpen
die **Welt**, die Welten, das Weltall, weltberühmt
**wem**, wem gehört es?
**wen**, wen magst du?

A B C D E F G H I J K L M N O P Q R S T U V W X Y Z

die **Wendeltreppe**, die Wendeltreppen
**wenden**, er wendet das Auto, wendig, die Wendung
**wenden**, er wendet sich an sie, ich wandte, sie hat gewandt
**wenig**, wenigstens
**wenn**, wenn ich reich wäre, ...
**wer**, wer bist du?
**werben**, sie wirbt, ich warb, er hat geworben, die Werbung
**werden**, du wirst, er wird, ich wurde, sie ist geworden
**werfen**, sie wirft, ich warf, er hat geworfen, der Wurf
die **Werft**, die Werften
das **Werk**, die Werke, die Werkstatt, das Werkzeug, werktags
der **Wert**, die Werte, wertvoll, wertlos, wert sein, werten
das **Wesen**, die Wesen
**wesentlich**
die **Weser** (Fluss)
**weshalb**
die **Wespe**, die Wespen
**wessen**
die **Weste**, die Westen
der **Westen**, westlich, der Western
**Westfalen**, die Westfalen, westfälisch
**weswegen**
**wetten**, er wettet, die Wette, der Wettbewerb
das **Wetter**, der Wetterbericht, die Wettervorhersage
**wetzen**, sie wetzt ein Messer
der **Wicht**, die Wichte, das Wichtelmännchen
**wichtig**, die Wichtigkeit
**wickeln**, er wickelt, der Wickel
der **Widder**, die Widder
**wider** (gegen, entgegen), der Widerwille,

widerwillig,
der Widerstand,
widersprechen,
der Widerspruch,
widerrufen,
die Widerworte,
widerlegen,
widerlich,
Vergleich: → wieder

**wid|men**, er widmet,
die Widmung

**wie**, wie viel?,
wie bitte?

**wie|der** (noch mal, erneut), wiederholen,
wiederum,
die Wiederholung,
das Wiedersehen,
Vergleich: → wider

**wie|gen** (Gewicht),
er wiegt, ich wog,
sie hat gewogen

**wie|gen** (schaukeln), sie wiegt, die Wiege

**wie|hern**, es wiehert

**Wien** (Hauptstadt von Österreich), die Wiener, wienerisch

**Wies|ba|den**

die **Wie|se**, die Wiesen

das **Wie|sel**, die Wiesel

**wie|so**, wieso ist es so?

das **Wie|wort** (Adjektiv),
die Wiewörter

der **Wi|kin|ger**,
die Wikinger

**wild**, wilder, am wildesten, wildfremd

das **Wild**, die Wildnis,
das Wildschwein

der **Wil|le**, willensstark,
willig

**will|kom|men**

**will|kür|lich**, die Willkür

**Wil|na** (Hauptstadt von Litauen)

**wim|meln**, es wimmelt

**wim|mern**, sie wimmert

der **Wim|pel**, die Wimpel

die **Wim|per**, die Wimpern

der **Wind**, die Winde,
windig, windstill,
die Windstärke

die **Win|del**, die Windeln

**win|den**, er windet,
ich wand,
sie hat gewunden,
die Windung

der **Win|kel**, die Winkel

**win|ken**, sie winkt

**winseln**, sie winselt, das Winseln
der **Winter**, die Winter, winterlich
der **Winzer**, die Winzer
**winzig**, winziges, winziger, der Winzling
der **Wipfel**, die Wipfel
**wippen**, er wippt, die Wippe
**wir**
**wirbeln**, sie wirbelt, der Wirbel, der Wirbelwind, die Wirbelsäule
**wird** → *werden*
**wirken**, es wirkt, die Wirkung, wirksam
**wirklich**, die Wirklichkeit
**wirr**, der Wirrwarr
der **Wirsing** (Wirsingkohl)
die **Wirtin**, die Wirte, der Wirt, das Wirtshaus
die **Wirtschaft**, wirtschaften
**wischen**, er wischt, der Wischer
**wispern**, sie wispert
**wissen**, er weiß, ich wusste, sie hat gewusst, das Wissen, die Wissenschaft, die Wissenschaftler
**wittern**, er wittert, die Witterung
die **Witwe**, die Witwen, der Witwer
der **Witz**, die Witze, witzig, der Witzbold, witzlos
**wo**
**woanders**
**wobei**
die **Woche**, die Wochen, wochenlang, wöchentlich, das Wochenende
**wodurch**
**wofür**
die **Woge**, die Wogen
**woher**, wohin
**wohl**, wohlhabend, der Wohlstand, das Wohl
**wohnen**, sie wohnt, die Wohnung, wohnlich

der **Wolf**, die Wölfe
die **Wolke**, die Wolken, wolkig
die **Wolle**, das Wollknäuel
**wollen**, er will, ich wollte, sie hat gewollt
**woran**, womit, worauf, woraus, worin, worüber, worum, wovon, wovor, wozu
das **Wort**, die Wörter [Worte], wörtlich, das Wörterbuch
das **Wrack**, die Wracks [Wracke]
**wringen**, sie wringt, ich wrang, er hat gewrungen
**wuchern**, es wuchert
die **Wucht**, wuchtig
**wühlen**, er wühlt
die **Wunde**, die Wunden, wund
das **Wunder**, die Wunder, wunderbar, wundervoll
sich **wundern**, sie wundert sich
der **Wunsch**, die Wünsche, wünschen
die **Würde**, die Würden
der **Wurf**, die Würfe
der **Würfel**, die Würfel, würfeln
**würgen**, er würgt
der **Wurm**, die Würmer, wurmstichig
die **Wurst**, die Würste, das Würstchen
die **Würze**, würzen, würzig
die **Wurzel**, die Wurzeln
die **Wüste**, die Wüsten, wüst
die **Wut**, wütend, wüten

# X

die **X-Beine**
**x-beliebig**
**x-fach**
**x-mal**
das **Xylofon** [Xylophon] (Musikinstrument), die Xylofone

A B C D E F G H I J K L M N O P Q R S T U V W X Y Z

A B C D E F G H I J K L M N O P Q R S T U V W X Y Z

# Y

der **Yak** [Jak] (asiatisches Rind), die Yaks
der **Yen** (japanische Währung), die Yen [Yens]
der **Yeti**, die Yetis
das [der] **Yoga** [Joga]
das **Ypsilon**, die Ypsilons

# Z

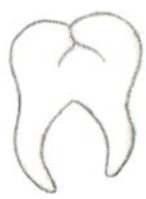

die **Zacke** [der Zacken], die Zacken, zackig, gezackt
**zaghaft**
**Zagreb** (Hauptstadt von Kroatien)
**zäh**, zäher, am zähesten, die Zähigkeit
die **Zahl**, die Zahlen, zahllos, zahlreich
**zahlen**, er zahlt, die Zahlung
**zählen**, sie zählt, der Zähler, die Zählung
**zahm**, zähmen, gezähmt, die Zähmung
der **Zahn**, die Zähne, die Zahnpasta
die **Zange**, die Zangen
**zanken**, sie zankt, zänkisch, der Zank
der **Zapfen**, die Zapfen, das Zäpfchen, zapfen
**zappeln**, er zappelt, zappelig [zapplig]
**zart**, die Zartheit
**zärtlich**, die Zärtlichkeit
**zaubern**, sie zaubert, die Zauberei, die Zauberer
der **Zaum**, die Zäume, das Zaumzeug
der **Zaun**, die Zäune
das **Zebra**, die Zebras
die **Zeche**, die Zechen
die **Zecke**, die Zecken
der **Zeh** [die Zehe], die Zehen,

die Zehenspitzen
**zehn**, zehntausend, zehnfach, zehntens, der Zehner, ein Zehntel
**zeh|ren**, er zehrt
das **Zei|chen**, die Zeichen
**zeich|nen**, er zeichnet, die Zeichnung, die Zeichner
**zei|gen**, sie zeigt, der Zeiger, der Zeigefinger
die **Zei|le**, die Zeilen
die **Zeit**, die Zeiten, eine Zeit lang, zeitgemäß, zeitig, zeitweise, der Zeitvertreib
die **Zeit|schrift**, die Zeitschriften
die **Zei|tung**, die Zeitungen
die **Zel|le**, die Zellen
das **Zelt**, die Zelte, zelten
der **Ze|ment**, zementieren
die **Zen|sur**, die Zensuren, zensieren
der [das] **Zen|ti|me|ter** [cm], die Zentimeter
der **Zent|ner** [Ztr.], die Zentner

**zen|t|ral**, die Zentrale
das **Zen|t|rum**, die Zentren
der **Zep|pe|lin**, die Zeppeline
**zer|bre|chen**, er zerbricht, ich zerbrach, sie ist/hat zerbrochen, zerbrechlich
**zer|drü|cken**, sie zerdrückt
**zer|fet|zen**, sie zerfetzt
**zer|klei|nern**, er zerkleinert
**zer|knül|len**, sie zerknüllt
**zer|quet|schen**, er zerquetscht
**zer|rei|ßen** → *reißen*
**zer|ren**, er zerrt, die Zerrung
**zer|split|tern**, es zersplittert
**zer|stö|ren**, sie zerstört, die Zerstörung
**zer|streu|en** → streuen, die Zerstreuung
**ze|tern**, er zetert
der **Zet|tel**, die Zettel
das **Zeug**

A B C D E F G H I J K L M N O P Q R S T U V W X Y Z

der **Zeuge**, die Zeugen
das **Zeugnis**,
die Zeugnisse
die **Zicke** (Ziege),
die Zicken, zickig
im **Zickzack** rennen
die **Ziege**, die Ziegen
der **Ziegel**, die Ziegel
**ziehen**, sie zieht,
ich zog,
er hat gezogen,
die Ziehung
das **Ziel**, die Ziele, zielen,
ziellos, zielstrebig
**ziemlich**
die **Zier** [Zierde],
die Zierleiste
sich **zieren**, er ziert sich
**zierlich**
die **Ziffer**, die Ziffern
die **Zigarette**,
die Zigaretten
die **Zigarre**, die Zigarren
das **Zimmer**, die Zimmer,
der Zimmermann
**zimperlich**
der **Zimt**, Zimt und Zucker
das **Zink**, das Zinkblech
das **Zinn** (Metall)
der **Zins**, die Zinsen

der **Zipfel**, die Zipfel,
die Zipfelmütze
der **Zirkel**, die Zirkel
der **Zirkus** [Circus],
die Zirkusse
**zirpen**, die Grille zirpt
**zischen**, es zischt
das **Zitat**, die Zitate,
zitieren
die **Zitrone**, die Zitronen,
die Zitrusfrucht
**zittern**, sie zittert,
zittrig [zitterig]
die **Zitze**, die Zitzen
**zivil**, die Zivilisten,
die Zivilisation
**zögern**, er zögert,
zögernd
der **Zoll**, die Zölle, die
Zöllner, verzollen
der **Zollstock**,
die Zollstöcke
die **Zone**, die Zonen
der **Zoo**, die Zoos
der **Zopf**, die Zöpfe
der **Zorn**, zornig
**zottelig** [zottlig]
**zu**
**zuallererst**,
zuallerletzt

das **Zubehör**
**zubereiten**, er bereitet zu, die Zubereitung
die **Zucht**, züchten, die Züchtung
**zucken**, sie zuckt, die Zuckung
der **Zucker**, zuckern, zuckersüß
**zudecken**, sie deckt zu, zugedeckt
**zueinander**
**zu Ende**
**zuerst**
die **Zufahrt**, die Zufahrten
der **Zufall**, die Zufälle, zufällig
**zufrieden**, zufrieden sein, die Zufriedenheit
der **Zug**, die Züge
**zugeben** → *geben*, die Zugabe
der **Zügel**, die Zügel, zügeln
**zügig** (schnell)
**zugleich**
**zugrunde** [zu Grunde] gehen
**zugunsten** [zu Gunsten]
**zuhalten** → *halten*
das **Zuhause**, unser Zuhause, zu Hause [zuhause] sein
**zuhören**, sie hört zu, die Zuhörer
**zuklappen** → klappen
**zukleben** → kleben
**zuknöpfen**, sie knöpft zu, zugeknöpft
die **Zukunft**, zukünftig
**zulassen** → *lassen*
**zulässig**
**zuletzt**
**zuliebe**, mir zuliebe
**zum** (zu dem)
**zum Beispiel** [z.B.]
**zumachen** → machen
**zumindest**
**zumuten**, er mutet zu, die Zumutung
**zunächst**
der **Zuname** (Familienname), die Zunamen
**zünden**, sie zündet, die Zündung, zündeln
**zunehmen**, er nimmt zu, die Zunahme

A B C D E F G H I J K L M N O P Q R S T U V W X Y Z

A B C D E F G H I J K L M N O P Q R S T U V W X Y Z

die **Zu|nei|gung**
**zünf|tig**
die **Zun|ge**, die Zungen
**zün|geln**, sie züngelt
**zup|fen**, er zupft
**zur** (zu der)
**zu|recht|kom|men** → *kommen,* sich zurechtfinden
**zür|nen**, er zürnt
**zu|rück**, zurückgeben, zurückgehen, zurückkehren, zurückkommen
der **Zu|ruf**, die Zurufe, zurufen
**zur|zeit** (jetzt)
die **Zu|sa|ge**, die Zusagen
**zu|sam|men**, zusammen sein,
die **Zu|sam|men|ar|beit**, zusammenarbeiten
**zu|sam|men|bre|chen**, er bricht zusammen, der Zusammenbruch
**zu|sam|men|fas|sen**, er fasst zusammen, die Zusammenfassung
**zu|sam|men|hän|gen**, es hängt zusammen, der Zusammenhang
**zu|sam|men|set|zen**, sie setzt zusammen, die Zusammensetzung
**zu|sam|men|sto|ßen**, er stößt zusammen, der Zusammenstoß
der **Zu|satz**, die Zusätze
**zu|sätz|lich**
der **Zu|schau|er**, die Zuschauer, zuschauen
**zu|schlie|ßen** → *schließen*
**zu|se|hen** → *sehen*
**zu|se|hends**
der **Zu|stand**, die Zustände, zustande bringen
**zu|stän|dig**
**zu|stim|men**, sie stimmt zu, die Zustimmung
die **Zu|tat**, die Zutaten
**zu|trau|lich**, das Zutrauen
der **Zu|tritt**, kein Zutritt
**zu|ver|läs|sig**, die Zuverlässigkeit
**zu|ver|sicht|lich**, die Zuversicht

zu viel, zu viele
zu|vor, zuvorkommen
zu|wei|len
die Zu|wen|dung, die Zuwendungen
zu we|nig, zu wenige
zu|wi|der
der Zwang, die Zwänge, zwängen, gezwängt
zwan|zig, zwanzigfach
zwar
der Zweck, die Zwecke, zwecklos, zwecks, zweckmäßig
zwei, zweimal, zu zweit, zweifach, zweitens
der Zwei|fel, die Zweifel, zweifeln, zweifellos, zweifelhaft
der Zweig, die Zweige
der Zwerg, die Zwerge
die Zwet|sche (Pflaume) [Zwetschge, Zwetschke], die Zwetschen
zwi|cken, sie zwickt, die Zwickmühle
der Zwie|back, die Zwiebäcke
die Zwie|bel, die Zwiebeln
zwie|späl|tig, der Zwiespalt
der Zwil|ling, die Zwillinge
zwin|gen, er zwingt, ich zwang, sie hat gezwungen
der Zwin|ger (Tierkäfig), die Zwinger
zwin|kern, sie zwinkert
der Zwirn, die Zwirne
zwi|schen, zwischendurch, der Zwischenfall
der Zwist (Streit), die Zwiste
zwit|schern, der Vogel zwitschert
zwölf, zwölffach, zwölfmal, zwölftens
der Zy|lin|der, die Zylinder, der Zylinderhut, zylindrisch
Zy|pern, die Zyprer, zyprisch

# Französisch

## Deutsch – Französisch

## A

| | |
|---|---|
| Abend | *le soir* |
| Abendessen | *le dîner* |
| aber | *mais* |
| Abfall | *les ordures* (f) |
| acht | *huit* |
| achtzehn | *dix-huit* |
| achtzig | *quatre-vingts* |
| Affe | *le singe* |
| alle | *tous, toutes* |
| alt | *vieux, vieille* |
| Ampel | *le feu* |
| an | *à* |
| Ananas | *l'ananas* (m) |
| ändern | *changer* |
| anfangen | *commencer* |
| Angst | *la peur* |
| anhalten | *arrêter* |
| ankommen | *arriver* |
| anrufen | *appeler* |
| anschauen | *regarder* |
| Antwort | *la réponse* |
| anziehen | *mettre* |
| Apfel | *la pomme* |
| Apfelsine | *l'orange* (f) |
| April | *avril* |
| arbeiten | *travailler* |
| Arbeit | *le travail* |
| arm | *pauvre* |
| Arm | *le bras* |
| Arzt | *le docteur* |
| atmen | *respirer* |
| auch | *aussi* |
| auf | *sur* |
| auf Wiedersehen | *au revoir* |
| aufstehen | *se lever* |
| Auge | *l'œil* (m) |
| Augen | *les yeux* (m) |
| Augenblick | *le moment* |
| August | *août* |
| aus | *de* |
| Ausflug | *l'excursion* (f) |
| Ausgang | *la sortie* |
| ausziehen | *enlever* |
| Auto | *la voiture* |

## B

| | |
|---|---|
| Baby | *le bébé* |
| Bäckerei | *la boulangerie* |
| Backofen | *le four* |
| baden | *se baigner* |

| | |
|---|---|
| Badewanne | *la baignoire* |
| Badezimmer | *la salle de bains* |
| Baguette | *la baguette* |
| Bahnhof | *la gare* |
| Ball | *le ballon* |
| Banane | *la banane* |
| Bär | *l'ours* (m) |
| Bauch | *le ventre* |
| bauen | *construire* |
| Bäuerin | *la fermière* |
| Bauernhof | *la ferme* |
| Baum | *l'arbre* (m) |
| Beere | *la baie* |
| beginnen | *commencer* |
| bei (bei jmd.) | *chez* |
| Bein | *la jambe* |
| Beispiel | *l'exemple* (m) |
| bekommen | *recevoir* |
| benutzen | *utiliser* |
| bequem | *confortable* |
| Berg | *la montagne* |
| Besen | *le balai* |
| besichtigen | *visiter* |
| besser | *mieux* |
| bester, beste | *meilleur, -e* |
| Bett | *le lit* |
| bezahlen | *payer* |
| Bild | *le dessin* |
| billig | *bon marché* |
| Birne | *la poire* |
| bis bald | *à bientôt* |
| bitte | *s'il vous plaît, s'il te plaît* |
| Blatt | *la feuille* |
| blau | *bleu, -e* |
| bleiben | *rester* |
| Bleistift | *le crayon* |
| Blume | *la fleur* |
| Boden | *le sol* |
| Bohne | *le haricot* |
| Boot | *le bateau* |
| böse | *méchant, -e* |
| brauchen | *avoir besoin de* |
| braun | *marron* (m/f) |
| Brief | *la lettre* |
| Briefkasten | *la boîte aux lettres* |
| Briefmarke | *le timbre* |
| Brille | *les lunettes* (f) |
| Brot | *le pain* |
| Brücke | *le pont* |
| Bruder | *le frère* |
| Buch | *le livre* |

| | |
|---|---|
| Burg | *le château fort* |
| Bürste | *la brosse* |
| Bus | *le bus* |
| Bushaltestelle | *l'arrêt de bus* (m) |
| Butter | *le beurre* |

## C

| | |
|---|---|
| Computer | *l'ordinateur* (m) |

## D

| | |
|---|---|
| da | *là* |
| da ist | *voilà* |
| Dach | *le toit* |
| danke | *merci* |
| das ist | *c'est* |
| Datum | *la date* |
| dein, deine | *ton, ta* |
| Delfin | *le dauphin* |
| denken | *penser* |
| deutsch | *allemand, -e* |
| Deutschland | *l'Allemagne* (f) |
| Dezember | *décembre* |
| Dienstag | *mardi* |
| dieser, diese | *ce, cette* |
| Donnerstag | *jeudi* |
| doppelt | *double* |
| Dorf | *le village* |
| Drache | *le dragon* |
| draußen | *dehors* |
| dreckig | *sale* |
| drehen | *tourner* |
| drei | *trois* |
| dreißig | *trente* |
| dreizehn | *treize* |
| drinnen | *dedans* |
| du | *tu* |
| dumm | *bête* |
| dunkel | *sombre* |
| dünn | *mince* |
| durch | *par* |
| durstig sein | *avoir soif* |
| Dusche | *la douche* |

## E

| | |
|---|---|
| Ecke | *le coin* |
| Ei | *l'œuf* (m) |
| ein, eine | *un, une* |
| einfach | *facile* |
| Eingang | *l'entrée* (f) |
| einige | *quelques* |

| | |
|---|---|
| einkaufen | *faire les courses* |
| einladen | *inviter* |
| eins | *un* |
| Eiscreme | *la glace* |
| Elefant | *l'éléphant* (m) |
| elf | *onze* |
| Eltern | *les parents* (m) |
| Engel | *l'ange* (m) |
| Ente | *le canard* |
| Entschuldigung! | *Pardon !* |
| er | *il* |
| Erdbeere | *la fraise* |
| Erde (Boden) | *la terre* |
| erste, erster | *première, premier* |
| erzählen | *raconter* |
| es gibt | *il y a* |
| essen | *manger* |
| Esszimmer | *la salle à manger* |
| etwas | *quelque chose* |
| euer, eure | *votre* |

## F

| | |
|---|---|
| fahren | *conduire, rouler* |
| Fahrkarte | *le ticket* |
| Fahrrad | *le vélo* |
| fallen | *tomber* |
| falsch | *faux, fausse* |
| Familie | *la famille* |
| fangen | *attraper* |
| Farbe | *la couleur* |
| Februar | *février* |
| Feder | *la plume* |
| Feier | *la fête* |
| fein | *fin, -e* |
| Fenster | *la fenêtre* |
| Ferien | *les vacances* (f) |
| fern | *loin* |
| fernsehen | *regarder la télévision* |
| Feuer | *le feu* |
| Filzstift | *le feutre* |
| finden | *trouver* |
| Finger | *le doigt* |
| Fisch | *le poisson* |
| Flasche | *la bouteille* |

| | |
|---|---|
| Fleisch | *la viande* |
| Fliege | *la mouche* |
| fliegen | *voler* |
| Flug | *le vol* |
| Flügel | *l'aile* (f) |
| Flughafen | *l'aéroport* (m) |
| Flugzeug | *l'avion* (m) |
| Fluss (groß) | *le fleuve* |
| Fluss (klein) | *la rivière* |
| folgen | *suivre* |
| Foto | *la photo* |
| Frage | *la question* |
| fragen | *demander* |
| Frankreich | *la France* |
| französisch | *français, -e* |
| Frau | *la femme* |
| Frau (Anrede) | *Madame* |
| Freitag | *vendredi* |
| Freund | *l'ami* (m) |
| Freundin | *l'amie* (f) |
| freundlich | *aimable* |
| frisch | *frais, fraîche* |
| Frosch | *la grenouille* |
| früh | *tôt* |
| Frühling | *le printemps* |
| Frühstück | *le petit-déjeuner* |
| Fuchs | *le renard* |
| Füller | *le stylo-plume* |
| fünf | *cinq* |
| fünfzehn | *quinze* |
| fünfzig | *cinquante* |
| für | *pour* |
| Fuß | *le pied* |
| Fußball | *le football* |
| füttern | *nourrir* |

## G

| | |
|---|---|
| Gabel | *la fourchette* |
| Garten | *le jardin* |
| Gast | *l'invité* (m), *l'invitée* (f) |
| geben | *donner* |
| Geburtstag | *l'anniversaire* (m) |
| gefährlich | *dangereux, dangereuse* |
| Gefühl | *le sentiment* |
| gegenüber | *en face* (de) |
| gehen | *marcher* |
| gelb | *jaune* |
| Geld | *l'argent* (m) |
| Gemüse | *les légumes* (m) |
| genug | *assez* |

| | |
|---|---|
| geradeaus | *tout droit* |
| Geschäft | *le magasin* |
| Geschenk | *le cadeau* |
| Geschichte | *l'histoire* (f) |
| Gesicht | *le visage* |
| Gespenst | *le fantôme* |
| gestern | *hier* |
| Getränk | *la boisson* |
| gewinnen | *gagner* |
| Giraffe | *la girafe* |
| Gitarre | *la guitare* |
| Glas | *le verre* |
| glücklich | *heureux, heureuse* |
| grau | *gris, -e* |
| groß | *grand, -e* |
| grün | *vert, -e* |
| gut | *bon, bonne* |
| gut (Adverb) | *bien* |
| gute Nacht | *bonne nuit* |
| guten Appetit | *bon appétit* |
| guten Tag | *bonjour* |

## H

| | |
|---|---|
| Haare | *les cheveux* (m) |
| haben | *avoir* |
| Hahn | *le coq* |
| hallo | *salut* |
| Hals | *le cou* |
| halten | *tenir* |
| Hand | *la main* |
| Handtuch | *la serviette* |
| hart | *dur, -e* |
| Hauptstadt | *la capitale* |
| Haus | *la maison* |
| Hausaufgaben | *les devoirs* (m) |
| Haut | *la peau* |
| Heft (Schulheft) | *le cahier* |
| heiraten | *se marier* |
| heißen | *s'appeler* |
| helfen | *aider* |
| Helm | *le casque* |
| Hemd | *la chemise* |
| Herbst | *l'automne* (m) |
| Herd | *la cuisinière* |
| Herr (Anrede) | *Monsieur* |
| Herz | *le cœur* |

| | |
|---|---|
| heute | *aujourd'hui* |
| hier | *ici* |
| Himmel | *le ciel* |
| hinter | *derrière* |
| Hobby | *le hobby* |
| hoch | *haut* |
| Honig | *le miel* |
| hören | *entendre* |
| Hose | *le pantalon* |
| Hotel | *l'hôtel* (m) |
| Huhn | *la poule* |
| Hund | *le chien* |
| hundert | *cent* |
| hungrig sein | *avoir faim* |
| Hut | *le chapeau* |

## I

| | |
|---|---|
| ich | *je, moi* |
| ihr (Mehrzahl) | *vous* |
| immer | *toujours* |
| in | *à, dans, en* |
| innen | *dedans* |
| Insel | *l'île* (f) |
| ist | *est* |

## J

| | |
|---|---|
| ja | *oui* |
| Jacke | *la veste* |
| Jahr | *l'année* (f), *l'an* (m) |
| Jahreszeit | *la saison* |
| Januar | *janvier* |
| Jeans | *le jeans* |
| jeder | *chaque* |
| jetzt | *maintenant* |
| Joghurt | *le yaourt* |
| Juli | *juillet* |
| jung | *jeune* |
| Junge | *le garçon* |
| Juni | *juin* |

## K

| | |
|---|---|
| Kaffee | *le café* |
| Käfig | *la cage* |
| Kalender | *le calendrier* |
| kalt | *froid, -e* |
| Kamel | *le chameau* |
| Kamm | *le peigne* |
| Känguru | *le kangourou* |
| Kaninchen | *le lapin* |

| | |
|---|---|
| Karte | *la carte* |
| Kartoffel | *la pomme de terre* |
| Käse | *le fromage* |
| Katze | *le chat* |
| kaufen | *acheter* |
| Keks | *le biscuit* |
| Keller | *la cave* |
| kennen | *connaître* |
| Kerze | *la bougie* |
| Ketchup | *le ketchup* |
| Kind | *l'enfant (m/f)* |
| Kino | *le cinéma* |
| Kirche | *l'église (f)* |
| Kirsche | *la cerise* |
| Klasse | *la classe* |
| Klavier | *le piano* |
| Kleber | *la colle* |
| Kleid | *la robe* |
| Kleidung | *les vêtements (m)* |
| klein | *petit, -e* |
| klettern | *grimper* |
| klingeln | *sonner* |
| Knie | *le genou* |
| Knopf | *le bouton* |
| kochen | *cuisiner* |
| Koffer | *la valise* |
| kommen | *venir* |
| König | *le roi* |
| Königin | *la reine* |
| können | *pouvoir* |
| Kopf | *la tête* |
| Körper | *le corps* |
| krank | *malade* |
| Krankenhaus | *l'hôpital (m)* |
| Kreide | *la craie* |
| Kreis | *le cercle* |
| Kreuzung | *le carrefour* |
| Krieg | *la guerre* |
| Krokodil | *le crocodile* |
| Küche | *la cuisine* |
| Kuchen | *le gâteau* |
| Kuh | *la vache* |
| Kühlschrank | *le frigo* |
| Kürbis | *le potiron* |
| kurz | *court, -e* |
| Kuss | *le baiser* |
| Küste | *la côte* |

## L

| | |
|---|---|
| lachen | *rire* |
| Lampe | *la lampe* |

| | |
|---|---|
| Land | *le pays* |
| lang | *long, longue* |
| langsam | *lent, -e* |
| lassen | *laisser* |
| laut | *bruyant, -e* |
| leben | *vivre* |
| leer | *vide* |
| legen | *poser, mettre* |
| Lehrer | *le maître* |
| Lehrerin | *la maîtresse* |
| leicht (einfach) | *facile* |
| Leiter | *l'échelle* (f) |
| lernen | *apprendre* |
| lesen | *lire* |
| Leute | *les gens* (m) |
| lieben | *aimer* |
| lieber mögen | *préférer* |
| Lied | *la chanson* |
| Lineal | *la règle* |
| links | *à gauche* |
| Lippen | *les lèvres* (f) |
| Löffel | *la cuillère* |
| Löwe | *le lion* |
| lustig | *drôle* |

## M

| | |
|---|---|
| machen | *faire* |
| Mädchen | *la fille* |
| Mai | *mai* |
| malen | *peindre* |
| Mama | *la maman* |
| manchmal | *parfois* |
| Mann | *l'homme* (m) |
| Mannschaft | *l'équipe* (f) |
| Mantel | *le manteau* |
| Mäppchen | *la trousse* |
| Markt | *le marché* |
| Marmelade | *la confiture* |
| März | *mars* |
| Mathematik | *les mathématiques* (f) |
| Maus | *la souris* |
| Meer | *la mer* |
| mehr | *plus* |
| mein, meine | *mon, ma* |
| Messer | *le couteau* |
| Metzgerei | *la boucherie* |
| Milch | *le lait* |
| Mineralwasser | *l'eau minérale* (f) |
| Minute | *la minute* |

| | |
|---|---|
| mit | *avec* |
| Mittagessen | *le déjeuner* |
| Mittwoch | *mercredi* |
| Möhre | *la carotte* |
| Monat | *le mois* |
| Mond | *la lune* |
| Montag | *lundi* |
| morgen | *demain* |
| Morgen | *le matin* |
| Motorrad | *la moto* |
| müde | *fatigué, -e* |
| Müll | *les ordures (f)* |
| Mund | *la bouche* |
| Musik | *la musique* |
| müssen | *devoir* |
| Mutter | *la mère* |
| Mütze | *le bonnet* |

## N

| | |
|---|---|
| nach (zeitlich) | *après* |
| Nachmittag | *l'après-midi (m/f)* |
| Nacht | *la nuit* |
| nah | *proche* |
| Name | *le nom* |
| Nase | *le nez* |
| nass | *mouillé, -e* |
| natürlich | *bien sûr* |
| neben | *à côté de* |
| nehmen | *prendre* |
| nein | *non* |
| Nest | *le nid* |
| nett | *gentil, gentille* |
| neu | *nouveau, nouvelle* |
| neun | *neuf* |
| neunzehn | *dix-neuf* |
| neunzig | *quatre-vingt-dix* |
| nicht | *ne … pas* |
| nichts | *rien* |
| nie | *jamais* |
| noch einmal | *encore une fois* |
| Norden | *le nord* |
| November | *novembre* |
| Null | *zéro* |
| nur | *seulement* |

## O

| | |
|---|---|
| oben | *en haut* |
| Obst | *les fruits (m)* |

| | |
|---|---|
| oder | *ou* |
| offen | *ouvert, -e* |
| oft | *souvent* |
| ohne | *sans* |
| Ohr | *l'oreille (f)* |
| Oktober | *octobre* |
| Oma | *la mamie* |
| Onkel | *l'oncle (m)* |
| Opa | *papi* |
| orange | *orange* |
| Orangensaft | *le jus d'orange* |
| Ostern | *Pâques* |

## P

| | |
|---|---|
| Papa | *papa* |
| Papier | *le papier* |
| Paprika | *le poivron* |
| Park | *le parc* |
| Pause | *la récréation* |
| Pfanne | *la poêle* |
| Pfeffer | *le poivre* |
| Pferd | *le cheval* |
| Pfirsich | *la pêche* |
| Pflaume | *la prune* |
| Pinsel | *le pinceau* |
| Pizza | *la pizza* |
| Platz | *la place* |
| Po | *le derrière* |
| Polizei | *la police* |
| Post | *la poste* |
| Problem | *le problème* |
| Pullover | *le pull-over* |
| Puppe | *la poupée* |
| Puzzle | *le puzzle* |

## R

| | |
|---|---|
| Rad fahren | *faire du vélo* |
| Radiergummi | *la gomme* |
| Radio | *la radio* |
| Ranzen | *le cartable* |
| Rathaus | *la mairie* |
| rechts | *à droite* |
| Regal | *l'étagère (f)* |
| Regen | *la pluie* |
| Regenschirm | *le parapluie* |
| regnen | *pleuvoir* |
| reisen | *voyager* |
| reiten | *faire du cheval* |
| rennen | *courir* |
| reparieren | *réparer* |

| | |
|---|---|
| richtig | *vrai, -e* |
| riechen | *sentir* |
| Rock | *la jupe* |
| Rose | *la rose* |
| rot | *rouge* |
| Rücken | *le dos* |
| Rutsche | *le toboggan* |

## S

| | |
|---|---|
| Saft | *le jus* |
| sagen | *dire* |
| Salat | *la salade* |
| Salz | *le sel* |
| Samstag | *samedi* |
| Sandkasten | *le bac à sable* |
| Sandwich | *le sandwich* |
| sauber | *propre* |
| Schachtel | *la boîte* |
| Schaf | *le mouton* |
| Schal | *l'écharpe* (f) |
| Schaukel | *la balançoire* |
| schenken | *offrir* |
| Schere | *les ciseaux* (m) |
| schicken | *envoyer* |
| Schiff | *le bateau* |
| Schildkröte | *la tortue* |
| Schinken | *le jambon* |
| schlafen | *dormir* |
| Schlange | *le serpent* |
| schlecht | *mauvais, -e* |
| schließen | *fermer* |
| Schlitten | *la luge* |
| Schloss | *le château* |
| Schlüssel | *la clé* |
| Schmetterling | *le papillon* |
| schmutzig | *sale* |
| Schnee | *la neige* |
| schneiden | *couper* |
| schnell | *rapide, vite* |
| Schokolade | *le chocolat* |
| schön | *beau, belle* |
| Schrank (für Kleider) | *l'armoire* (f) |
| schreiben | *écrire* |
| Schreibtisch | *le bureau* |
| Schuhe | *les chaussures* (f) |
| Schule | *l'école* (f) |
| Schüler | *l'élève* (f/m) |
| Schulter | *l'épaule* (f) |
| Schüssel | *le plat* |
| schwarz | *noir, -e* |

| | |
|---|---|
| Schwein | *le cochon* |
| Schwester | *la sœur* |
| schwierig | *difficile* |
| Schwimmbad | *la piscine* |
| schwimmen | *nager* |
| sechs | *six* |
| sechzehn | *seize* |
| sechzig | *soixante* |
| See | *le lac* |
| sehen | *voir* |
| sehr | *très* |
| Seife | *le savon* |
| Seil | *la corde* |
| sein (Verb) | *être* |
| Seite | *la page* |
| Sekunde | *la seconde* |
| September | *septembre* |
| sie (Einzahl) | *elle* |
| sie (Mehrzahl) | *ils, elles* |
| sieben | *sept* |
| siebzehn | *dix-sept* |
| siebzig | *soixante-dix* |
| Siegerin | *la gagnante* |
| singen | *chanter* |
| sitzen | *être assis, -e* |
| Ski fahren | *faire du ski* |
| Sofa | *le canapé* |
| Sohn | *le fils* |
| Sommer | *l'été* (m) |
| Sonne | *le soleil* |
| Sonnenbrille | *les lunettes de soleil* (f) |
| Sonntag | *dimanche* |
| Spaß | *le plaisir* |
| Spaß haben | *s'amuser* |
| spät | *tard* |
| Spiegel | *le miroir* |
| Spiel | *le jeu* |
| spielen | *jouer* |
| Spielplatz | *l'aire de jeux* (f) |
| Spielzeug | *le jouet* |
| Spinne | *l'araignée* (f) |
| Spitzer | *le taille-crayon* |
| Sport | *le sport* |
| Sprache | *la langue* |
| sprechen | *parler* |
| springen | *sauter* |
| Stadt | *la ville* |
| stehlen | *voler* |
| stellen | *mettre* |
| Stern | *l'étoile* (f) |
| Stiefel | *les bottes* (f) |
| Stift | *le stylo* |
| Strand | *la plage* |

| | |
|---|---|
| Straße | *la rue* |
| Straßenbahn | *le tramway* |
| Stück | *le morceau* |
| Stuhl | *la chaise* |
| Stunde | *l'heure* (f) |
| Stundenplan | *l'emploi du temps* (m) |
| Sturm | *la tempête* |
| Supermarkt | *le supermarché* |
| Suppe | *la soupe* |
| süß (zuckrig) | *sucré, -e* |
| Süßigkeit | *la sucrerie* |
| Sweatshirt | *le sweat-shirt* |

## T

| | |
|---|---|
| Tafel | *le tableau* |
| Tag | *le jour, la journée* |
| Tal | *la vallée* |
| Tante | *la tante* |
| tanzen | *danser* |
| Tasche | *le sac* |
| Taschen-lampe | *la lampe de poche* |
| Tasse | *la tasse* |
| tauchen | *plonger* |
| Taxi | *le taxi* |
| Teddybär | *le nounours* |
| Tee | *le thé* |
| Telefon | *le téléphone* |
| Teller | *l'assiette* (f) |
| Tennis | *le tennis* |
| teuer | *cher, chère* |
| tief | *profond, -e* |
| Tier | *l'animal* (m) |
| Tiger | *le tigre* |
| Tisch | *la table* |
| Tischtennis | *le ping-pong* |
| Toast | *le pain grillé* |
| Tochter | *la fille* |
| Toilette | *les toilettes* (f) |
| Tomate | *la tomate* |
| Topf | *la casserole* |
| Tor (Fußball) | *le but* |
| tragen | *porter* |
| Traktor | *le tracteur* |
| Traum | *le rêve* |
| traurig | *triste* |
| Treppe | *l'escalier* (m) |
| trinken | *boire* |
| trocken | *sec, sèche* |
| Trommel | *le tambour* |

| | |
|---|---|
| tschüs | *salut* |
| T-Shirt | *le tee-shirt* |
| Tunnel | *le tunnel* |
| Tür | *la porte* |

## U

| | |
|---|---|
| U-Bahn | *le métro* |
| Übung | *l'exercice* (m) |
| Uhr (am Arm) | *la montre* |
| Uhrzeit | *l'heure* (f) |
| und | *et* |
| uns | *nous* |
| unser, unsere | *notre* |
| unten | *en bas* |
| unter | *sous* |
| Unterhose | *le slip* |
| Urlaub | *les vacances* (f) |

## V

| | |
|---|---|
| Vater | *le père* |
| vergessen | *oublier* |
| verkaufen | *vendre* |
| verlieren | *perdre* |
| verrückt | *fou, folle* |
| verstecken | *cacher* |
| verstehen | *comprendre* |
| viel | *beaucoup* |
| vielleicht | *peut-être* |
| vier | *quatre* |
| vierzehn | *quatorze* |
| vierzig | *quarante* |
| Vogel | *l'oiseau* (m) |
| voll | *plein, -e* |
| von | *de* |
| vor (räumlich) | *devant* |
| vor (zeitlich) | *avant* |
| Vormittag | *le matin* |

## W

| | |
|---|---|
| Wald | *la forêt* |
| Wand | *le mur* |
| wann | *quand* |
| warm | *chaud* |
| warten | *attendre* |
| warum | *pourquoi* |
| waschen | *laver* |
| Wasser | *l'eau* (f) |
| Weihnachten | *Noël* |
| weil | *parce que* |
| weinen | *pleurer* |

| | |
|---|---|
| weiß | *blanc, blanche* |
| Welt | *le monde* |
| Wetter | *le temps* |
| wie | *comment* |
| wieder | *de nouveau* |
| wiederholen | *répéter* |
| Wiese | *le pré* |
| wie viel | *combien* |
| wild | *sauvage* |
| Wind | *le vent* |
| Winter | *l'hiver* (m) |
| wir | *nous* |
| wissen | *savoir* |
| Witz | *la blague* |
| wo | *où* |
| Woche | *la semaine* |
| Wochenende | *le week-end* |
| wohnen | *habiter* |
| Wohnung | *appartement* |
| Wolke | *le nuage* |
| wollen | *vouloir* |
| Wort | *le mot* |
| wünschen | *souhaiter* |
| Würfel | *le dé* |
| Wurst | *la charcuterie* |
| Würstchen | *la saucisse* |

## Z

| | |
|---|---|
| Zahl | *le nombre* |
| zahlen | *payer* |
| Zahn | *la dent* |
| Zauberer | *le magicien* |
| Zaun | *la clôture* |
| Zeh | *l'orteil* (m) |
| zehn | *dix* |
| zeichnen | *dessiner* |
| zeigen | *montrer* |
| Zeit | *le temps* |
| Zeitung | *le journal* |
| Zelt | *la tente* |
| Ziege | *la chèvre* |
| ziehen | *tirer* |
| Zimmer | *la pièce* |
| Zitrone | *le citron* |
| Zucker | *le sucre* |
| Zug | *le train* |
| zuhören | *écouter* |
| Zunge | *la langue* |
| zwanzig | *vingt* |
| zwei | *deux* |
| Zwiebel | *l'oignon* (m) |
| zwischen | *entre* |
| zwölf | *douze* |

# Französisch

## Bild – Wort – Lexikon

# À l'école

| Questions | Réponses |
|---|---|
| Qu'est-ce que c'est ? | C'est un/une ... . |
| As-tu un/une … ? | Oui, j'ai un/une ... . |
| | Non, je n'ai pas de ... . |
| Est-ce que c'est ton/ta … ? | Oui, c'est le mien/la mienne. |
| | Non, ce n'est pas le mien/la mienne. |

le tableau

le bureau

la chaise

l'étagère

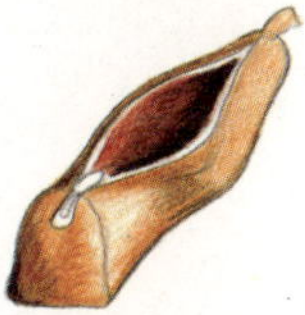

la trousse

les ciseaux

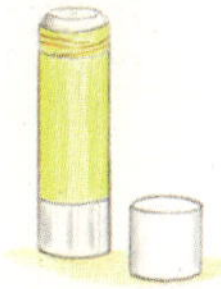

la colle

le crayon de cire

la boîte de couleurs

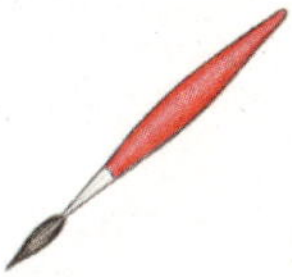

le pinceau

le livre

le classeur

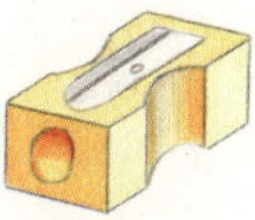

le taille-crayon

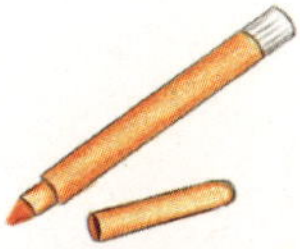

le feutre

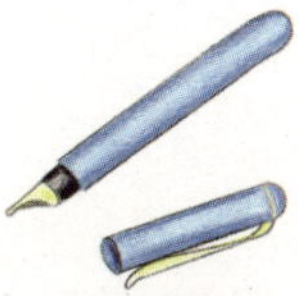

le stylo-plume

le stylo-bille

le crayon

le cartable

la gomme

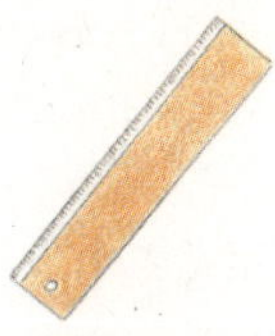

la règle

| Questions | Réponses |
| --- | --- |
| Aimes-tu les ... ? | Oui, j'aime les ... .<br>Non, je n'aime pas les ... . |
| As-tu un animal de compagnie ? | Oui, j'ai un/une ... .<br>Non, je n'ai pas de ... . |

le singe

l'ours

l'éléphant

le canard

la grenouille

la girafe

le poisson

le coq

le hamster

le chien

le hérisson

le lapin

la vache

le lion

la souris

le cochon d'Inde

le cochon

le cheval

le mouton

la perruche

| Questions | Réponses |
| --- | --- |
| Que désirez-vous ? | Je voudrais ... *poires*, s'il vous plaît. |
| Puis-je vous aider ? | *Deux* ..., s'il vous plaît.<br>Voilà. |

la pomme

la poire

la cerise

la fraise

l'ananas

la banane

le kiwi

le raisin

le citron

l'orange

la prune

la citrouille

les petits pois

le champignon

le maïs

la pomme de terre

la carotte

le poivron vert

l'oignon

la laitue

# Manger et boire

| Questions | Réponses |
|---|---|
| Aimes-tu le/la/l'/les … ? | Oui, j'aime le/la/l'/les … .<br>Non, je n'aime pas le/la/l'/les … . |
| Quel est ton plat préféré ? | Mon plat préféré est le/la/l' … .<br>Mon plat préféré, ce sont les … . |

le miel

le fromage

le beurre

le pain

la confiture

l'œuf à la coque

l'œuf sur le plat

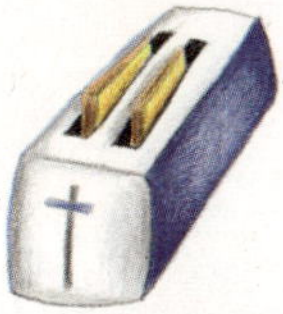
le pain grillé

la limonade

le thé

l'eau minérale

le lait

le gâteau

la salade

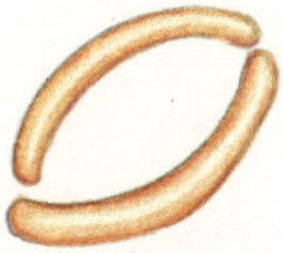
les saucisses

les spaghettis

la pizza

le poulet

les frites

le sandwich

# La famille

## Questions

As-tu un/une … ?

Combien de … as-tu ?

## Réponses

Oui, j'ai *un frère/une sœur*.
Non, je n'en ai pas.

J'ai *un frère/une sœur*.
J'ai … *sœurs* et ... *frères*.

# Bonjour et au revoir

| Questions | Réponses |
| --- | --- |
| Comment ça va ? | Ça va, merci. |
| Comment t'appelles-tu ? | Je m'appelle … . |
| D'où viens-tu ? | Je viens de/du/des … . |
| Quel âge as-tu ? | J'ai … ans. |
| Quelle heure est-il ? | Il est ... heure(s). |

# Le corps et les vêtements

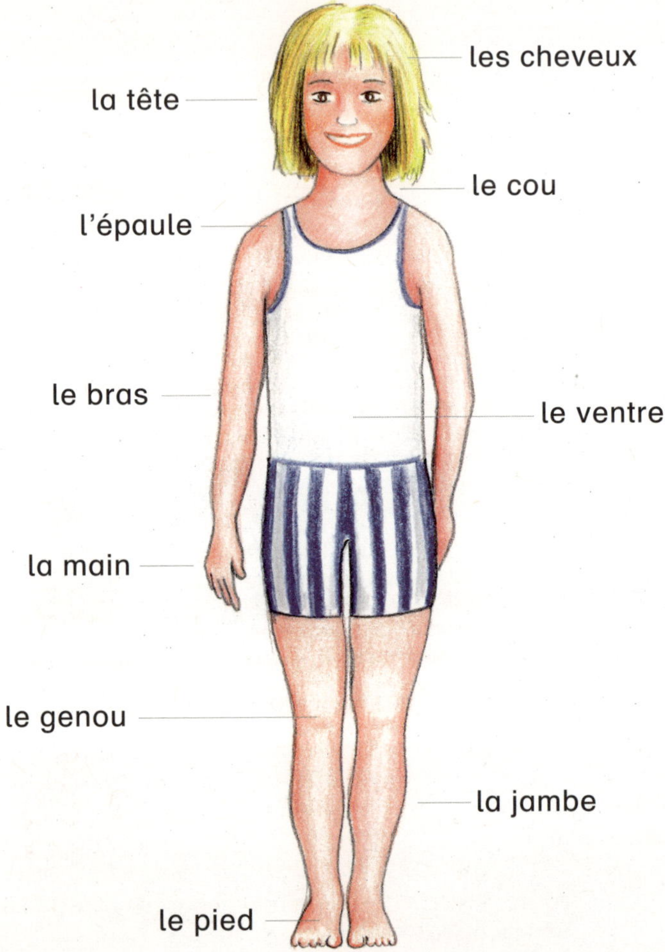


## Questions

Montre-moi ton/ta/tes ... .

## Réponses

C'est mon/ma ... .

Ce sont mes ... .

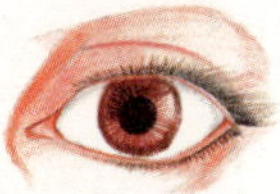
l'œil

le nez

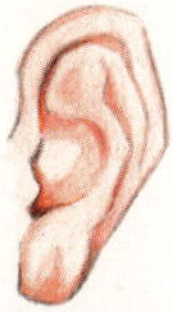
l'oreille

la bouche

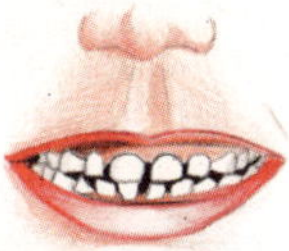
les dents

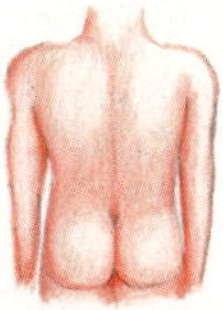
le dos

les chaussettes

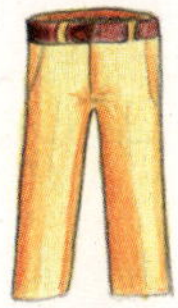
le pantalon

le jeans

la ceinture

la robe

la veste

les chaussures

les chaussures de sport

le pull-over

la chemise

le tee-shirt

l'écharpe

les gants

le bonnet

# Hobbies et jouets

| Questions | Réponses |
|---|---|
| À quoi veux-tu jouer ? | Jouons à la/au/aux … .<br>Allons … . |
| Quel est ton hobby ? | C'est … . |

les cartes

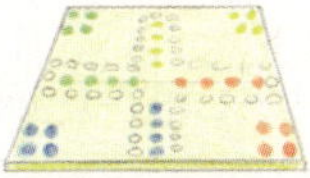
le jeu de société

les billes

la marionnette

la maison de poupée

le train

la voiture

l'ordinateur

jouer de la guitare

jouer au football

nager

lire

écouter de la musique

faire du skateboard

faire du roller

faire du vélo

# Les couleurs, les nombres, ...

rouge orange jaune vert bleu marron blanc noir

## Questions

De quelle couleur
est-ce que c'est ?

## Réponses

C'est … .

1 2 3 4 5 6 7 8 9 10

un deux trois quatre cinq six sept huit neuf dix

## Questions

Combien de … as-tu ?

## Réponses

J'ai … .

| | |
|---|---|
| lundi | *Montag* |
| mardi | *Dienstag* |
| mercredi | *Mittwoch* |
| jeudi | *Donnerstag* |
| vendredi | *Freitag* |
| samedi | *Samstag* |
| dimanche | *Sonntag* |

# Les mois et les saisons

## Questions

## Réponses

| Questions | Réponses |
| --- | --- |
| C'est quand ton anniversaire ? | Mon anniversaire est en … . |
| C'est quand Noël/Pâques ? | *Pâques* est en … . |

# À la maison

Questions

Réponses

| Questions | Réponses |
| --- | --- |
| Où est le/la/l'… ? | Le/la/l' … est dans le/la …, à la/au/aux … . |
| Où sont les … ? | Les … sont dans le/la …, à la/au/aux … . |

le jardin

la cheminée

la porte

la fenêtre

le lavabo

les toilettes

la machine à laver

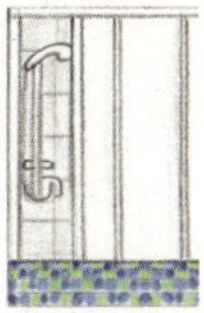
la douche

l'étagère

la pendule

le téléviseur

la lampe

la cuisinière

la table

le réfrigérateur

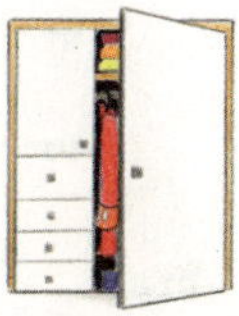
l'armoire

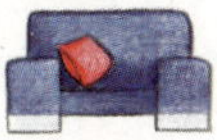
le fauteuil

le canapé

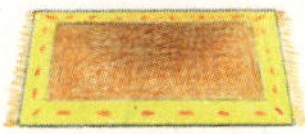
le tapis

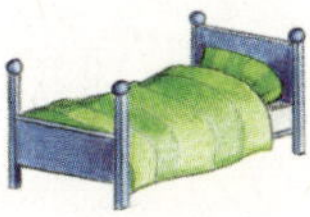
le lit

# Französisch

## Französisch – Deutsch

# A

| | |
|---|---|
| à bientôt | *bis bald* |
| à côté de | *neben* |
| à droite | *rechts* |
| à gauche | *links* |
| acheter | *kaufen* |
| aéroport (m) | *Flughafen* |
| aider | *helfen* |
| aile (f) | *Flügel* |
| aimable | *freundlich* |
| aimer | *lieben* |
| aire de jeux (f) | *Spielplatz* |
| Allemagne (f) | *Deutschland* |
| allemand, -e | *deutsch* |
| ami (m) | *Freund* |
| amie (f) | *Freundin* |
| an (m) | *Jahr* |
| ananas (m) | *Ananas* |
| ange (m) | *Engel* |
| animal (m) | *Tier* |
| année (f) | *Jahr* |
| anniversaire (m) | *Geburtstag* |
| août | *August* |
| appeler | *anrufen* |
| apprendre | *lernen* |
| après | *nach* (zeitlich) |
| après-midi (m/f) | *Nachmittag* |
| araignée (f) | *Spinne* |
| arbre (m) | *Baum* |
| argent (m) | *Geld* |
| armoire (f) | *Schrank* |
| arrêt de bus (m) | *Bushaltestelle* |
| arrêter | *anhalten* |
| arriver | *ankommen* |
| assez | *genug* |
| assiette (f) | *Teller* |
| attendre | *warten* |
| attraper | *fangen* |
| au revoir | *auf Wiedersehen* |
| aujourd'hui | *heute* |
| aussi | *auch* |
| automne (m) | *Herbst* |
| avant | *vor* (zeitlich) |
| avec | *mit* |
| avion (m) | *Flugzeug* |
| avoir | *haben* |
| avoir besoin de | *brauchen* |
| avoir faim | *hungrig sein* |

| | |
|---|---|
| avoir soif | *durstig sein* |
| avril | *April* |

## B

| | |
|---|---|
| bac à sable (m) | *Sandkasten* |
| baguette (f) | *Baguette* |
| baie (f) | *Beere* |
| (se) baigner | *baden* |
| baignoire (f) | *Badewanne* |
| baiser (m) | *Kuss* |
| balai (m) | *Besen* |
| balançoire (f) | *Schaukel* |
| ballon (m) | *Ball* |
| banane (f) | *Banane* |
| bateau (m) | *Schiff, Boot* |
| beau, belle | *schön* |
| beaucoup | *viel* |
| bébé (m) | *Baby* |
| bête | *dumm* |
| beurre (m) | *Butter* |
| bien | *gut (Adverb)* |
| bien sûr | *natürlich* |
| biscuit (m) | *Keks* |
| blague (f) | *Witz* |
| blanc, blanche | *weiß* |
| bleu, -e | *blau* |
| boire | *trinken* |
| boisson (f) | *Getränk* |
| boîte (f) | *Schachtel* |
| boîte aux lettres (f) | *Briefkasten* |
| bon appétit | *guten Appetit* |
| bon marché | *billig* |
| bon, bonne | *gut* |
| bonjour | *guten Tag* |
| bonne nuit | *gute Nacht* |
| bonnet (m) | *Mütze* |
| bottes (fpl) | *Stiefel* |
| bouche (f) | *Mund* |
| boucherie (f) | *Metzgerei* |
| bougie (f) | *Kerze* |
| boulangerie (f) | *Bäckerei* |
| bouteille (f) | *Flasche* |
| bouton (m) | *Knopf* |
| bras (m) | *Arm* |
| brosse (f) | *Bürste* |
| bruyant, -e | *laut* |
| bureau (m) | *Schreibtisch* |
| bus (m) | *Bus* |
| but (m) | *Tor (Fußball)* |

## C

| | |
|---|---|
| c'est | *das ist* |
| cacher | *verstecken* |
| cadeau (m) | *Geschenk* |
| café (m) | *Kaffee* |
| cage (f) | *Käfig* |
| cahier (m) | *Heft* |
| calendrier (m) | *Kalender* |
| canapé (m) | *Sofa* |
| canard (m) | *Ente* |
| capitale (f) | *Hauptstadt* |
| carotte (f) | *Möhre* |
| carrefour (m) | *Kreuzung* |
| cartable (m) | *Ranzen* |
| carte (f) | *Karte* |
| casque (m) | *Helm* |
| casserole (f) | *Topf* |
| cave (f) | *Keller* |
| ce | *dieser* |
| ce soir | *heute Abend* |
| cent | *hundert* |
| cercle (m) | *Kreis* |
| cerise (f) | *Kirsche* |
| cette | *diese* |
| chaise (f) | *Stuhl* |
| chameau (m) | *Kamel* |
| changer | *ändern* |
| chanson (f) | *Lied* |
| chanter | *singen* |
| chapeau (m) | *Hut* |
| chaque | *jeder* |
| charcuterie (f) | *Wurst* |
| chat (m) | *Katze* |
| château (m) | *Schloss* |
| château fort (m) | *Burg* |
| chaud | *warm* |
| chaussure (f) | *Schuh* |
| chemise (f) | *Hemd* |
| cher, chère | *teuer* |
| cheval (m) | *Pferd* |
| cheveux (mpl) | *Haare* |
| chèvre (f) | *Ziege* |
| chez | *bei (jmd.)* |
| chien (m) | *Hund* |
| chocolat (m) | *Schokolade* |
| ciel (m) | *Himmel* |
| cinéma (m) | *Kino* |
| cinq | *fünf* |
| cinquante | *fünfzig* |
| ciseaux (mpl) | *Schere* |
| citron (m) | *Zitrone* |
| classe (f) | *Klasse* |

| | |
|---|---|
| clé (f) | *Schlüssel* |
| clôture (f) | *Zaun* |
| cochon (m) | *Schwein* |
| cœur (m) | *Herz* |
| coin (m) | *Ecke* |
| colle (f) | *Kleber* |
| combien | *wie viel* |
| commencer | *beginnen* |
| comment | *wie* |
| comprendre | *verstehen* |
| conduire | *fahren* |
| confiture (f) | *Marmelade* |
| confortable | *bequem* |
| connaître | *kennen* |
| construire | *bauen* |
| coq (m) | *Hahn* |
| corde (f) | *Seil* |
| corps (m) | *Körper* |
| côte (f) | *Küste* |
| cou (m) | *Hals* |
| couleur (f) | *Farbe* |
| couper | *schneiden* |
| courir | *rennen* |
| court, -e | *kurz* |
| couteau (m) | *Messer* |
| craie (f) | *Kreide* |
| crayon (m) | *Bleistift* |
| crocodile (m) | *Krokodil* |
| cuillère (f) | *Löffel* |
| cuisine (f) | *Küche* |
| cuisiner | *kochen* |
| cuisinière (f) | *Herd* |

## D

| | |
|---|---|
| dangereux, dangereuse | *gefährlich* |
| dans | *in* |
| danser | *tanzen* |
| date (f) | *Datum* |
| dauphin (m) | *Delfin* |
| de | *aus, von* |
| dé (m) | *Würfel* |
| de nouveau | *wieder* |
| décembre | *Dezember* |
| dedans | *innen* |
| dehors | *draußen* |
| déjeuner (m) | *Mittagessen* |
| demain | *morgen* |
| demander | *fragen* |
| dent (f) | *Zahn* |
| derrière | *hinter* |
| derrière (m) | *Po* |
| dessin (m) | *Bild* |

| | |
|---|---|
| dessiner | *zeichnen* |
| deux | *zwei* |
| devant | *vor (räumlich)* |
| devoir | *müssen* |
| devoirs (mpl) | *Hausaufgaben* |
| difficile | *schwierig* |
| dimanche | *Sonntag* |
| dîner (m) | *Abendessen* |
| dire | *sagen* |
| dix | *zehn* |
| dix-huit | *achtzehn* |
| dix-neuf | *neunzehn* |
| dix-sept | *siebzehn* |
| docteur (m) | *Arzt* |
| doigt (m) | *Finger* |
| donner | *geben* |
| dormir | *schlafen* |
| dos (m) | *Rücken* |
| double | *doppelt* |
| douche (f) | *Dusche* |
| douze | *zwölf* |
| dragon (m) | *Drache* |
| drôle | *lustig* |
| dur, -e | *hart* |

## E

| | |
|---|---|
| eau (f) | *Wasser* |
| eau minérale (f) | *Mineralwasser* |
| écharpe (f) | *Schal* |
| échelle (f) | *Leiter* |
| école (f) | *Schule* |
| écouter | *zuhören* |
| écrire | *schreiben* |
| église (f) | *Kirche* |
| éléphant (m) | *Elefant* |
| élève (f/m) | *Schüler* |
| elle | *sie (Einzahl)* |
| elles | *sie (Mehrzahl)* |
| emploi du temps (m) | *Stundenplan* |
| en bas | *unten* |
| en face (de) | *gegenüber* |
| en haut | *oben* |
| encore une fois | *noch einmal* |
| enfant (m/f) | *Kind* |
| enlever | *ausziehen* |
| entendre | *hören* |
| entre | *zwischen* |
| entrée (f) | *Eingang* |

| | |
|---|---|
| envoyer | *schicken* |
| épaule (f) | *Schulter* |
| équipe (f) | *Mannschaft* |
| escalier (m) | *Treppe* |
| est | *ist* |
| et | *und* |
| étagère (f) | *Regal* |
| été (m) | *Sommer* |
| étoile (f) | *Stern* |
| être | *sein* (Verb) |
| être assis, -e | *sitzen* |
| excursion (f) | *Ausflug* |
| exemple (m) | *Beispiel* |
| exercice (m) | *Übung* |

## F

| | |
|---|---|
| facile | *einfach* |
| faire | *machen* |
| faire du ski | *Ski fahren* |
| faire du vélo | *Rad fahren* |
| faire les courses | *einkaufen* |
| famille (f) | *Familie* |
| fantôme (m) | *Gespenst* |
| fatigué, -e | *müde* |
| faux, fausse | *falsch* |
| femme (f) | *Frau* |
| fenêtre (f) | *Fenster* |
| ferme (f) | *Bauernhof* |
| fermer | *schließen* |
| fermière (f) | *Bäuerin* |
| fête (f) | *Feier* |
| feu (m) | *Ampel, Feuer* |
| feuille (f) | *Blatt* |
| feutre (m) | *Filzstift* |
| février | *Februar* |
| fille (f) | *Mädchen, Tochter* |
| fils (m) | *Sohn* |
| fin, -e | *fein* |
| fleur (f) | *Blume* |
| fleuve (m) | *Fluss* (groß) |
| football (m) | *Fußball* |
| forêt (f) | *Wald* |
| fou, folle | *verrückt* |
| four (m) | *Backofen* |
| fourchette (f) | *Gabel* |
| frais, fraîche | *frisch* |
| fraise (f) | *Erdbeere* |
| français, -e | *französisch* |
| France (f) | *Frankreich* |
| frère (m) | *Bruder* |
| frigo (m) | *Kühlschrank* |

| | |
|---|---|
| froid, -e | *kalt* |
| fromage (m) | *Käse* |
| fruits (mpl) | *Obst* |

## G

| | |
|---|---|
| gagnante (f) | *Siegerin* |
| gagner | *gewinnen* |
| garçon (m) | *Junge* |
| gare (f) | *Bahnhof* |
| gâteau (m) | *Kuchen* |
| genou (m) | *Knie* |
| gens (mpl) | *Leute* |
| gentil, gentille | *nett* |
| girafe (f) | *Giraffe* |
| glace (f) | *Eiscreme* |
| gomme (f) | *Radiergummi* |
| grand, -e | *groß* |
| grenouille (f) | *Frosch* |
| grimper | *klettern* |
| gris, -e | *grau* |
| guerre (f) | *Krieg* |
| guitare (f) | *Gitarre* |

## H

| | |
|---|---|
| habiter | *wohnen* |
| haricot (m) | *Bohne* |
| haut | *hoch* |
| heure (f) | *Uhrzeit, Stunde* |
| heureux, heureuse | *glücklich* |
| hier | *gestern* |
| histoire (f) | *Geschichte* |
| hiver (m) | *Winter* |
| homme (m) | *Mann* |
| hôpital (m) | *Krankenhaus* |
| hôtel (m) | *Hotel* |
| huit | *acht* |

## I

| | |
|---|---|
| ici | *hier* |
| il | *er* |
| il y a | *es gibt* |
| île (f) | *Insel* |
| ils | *sie (Mehrzahl)* |
| invité (m), invitée (f) | *Gast* |
| inviter | *einladen* |

## J

| | |
|---|---|
| jamais | *nie* |
| jambe (f) | *Bein* |
| jambon (m) | *Schinken* |
| janvier | *Januar* |
| jardin (m) | *Garten* |
| jaune | *gelb* |
| je | *ich* |
| jeans (m) | *Jeans* |
| jeu (m) | *Spiel* |
| jeudi | *Donnerstag* |
| jeune | *jung* |
| jouer | *spielen* |
| jouet (m) | *Spielzeug* |
| jour (m), journée (f) | *Tag* |
| journal (m) | *Zeitung* |
| juillet | *Juli* |
| juin | *Juni* |
| jupe (f) | *Rock* |
| jus (m) | *Saft* |
| jus d'orange (m) | *Orangensaft* |

## K

| | |
|---|---|
| kangourou (m) | *Känguru* |
| ketchup (m) | *Ketchup* |

## L

| | |
|---|---|
| là | *da* |
| lac (m) | *See* |
| laisser | *lassen* |
| lait (m) | *Milch* |
| lampe (f) | *Lampe* |
| lampe de poche (f) | *Taschenlampe* |
| langue (f) | *Sprache, Zunge* |
| lapin (m) | *Kaninchen* |
| laver | *waschen* |
| légumes (mpl) | *Gemüse* |
| lent, -e | *langsam* |
| lettre (f) | *Brief* |
| (se) lever | *aufstehen* |
| lèvres (fpl) | *Lippen* |
| lion (m) | *Löwe* |
| lire | *lesen* |
| lit (m) | *Bett* |
| livre (m) | *Buch* |

| | |
|---|---|
| loin | *fern* |
| long, longue | *lang* |
| luge (f) | *Schlitten* |
| lundi | *Montag* |
| lune (f) | *Mond* |
| lunettes (fpl) | *Brille* |
| lunettes de soleil (fpl) | *Sonnenbrille* |

## M

| | |
|---|---|
| ma | *meine* |
| Madame | *Frau (Anrede)* |
| magasin (m) | *Geschäft* |
| magicien (m) | *Zauberer* |
| mai | *Mai* |
| main (f) | *Hand* |
| maintenant | *jetzt* |
| mairie (f) | *Rathaus* |
| mais | *aber* |
| maison (f) | *Haus* |
| maître (m) | *Lehrer* |
| maîtresse (f) | *Lehrerin* |
| malade | *krank* |
| maman (f) | *Mama* |
| mamie (f) | *Oma* |
| manger | *essen* |
| manteau (m) | *Mantel* |
| marché (m) | *Markt* |
| marcher | *gehen* |
| mardi | *Dienstag* |
| (se) marier | *heiraten* |
| marron (m/f) | *braun* |
| mars | *März* |
| mathématiques (fpl) | *Mathematik* |
| matin (m) | *Vormittag* |
| mauvais, -e | *schlecht* |
| méchant, -e | *böse* |
| meilleur, -e | *bester, beste* |
| mer (f) | *Meer* |
| merci | *danke* |
| mercredi | *Mittwoch* |
| mère (f) | *Mutter* |
| métro (m) | *U-Bahn* |
| mettre | *legen, tun, stellen* |
| miel (m) | *Honig* |
| mieux | *besser* |
| mince | *dünn* |
| minute (f) | *Minute* |
| miroir (m) | *Spiegel* |
| moi | *ich* |
| mois (m) | *Monat* |

| | |
|---|---|
| moment (m) | *Augenblick* |
| mon | *mein* |
| monde (m) | *Welt* |
| Monsieur | *Herr (Anrede)* |
| montagne (f) | *Berg* |
| faire du cheval | *reiten* |
| montre (f) | *Uhr (am Arm)* |
| montrer | *zeigen* |
| morceau (m) | *Stück* |
| mot (m) | *Wort* |
| moto (f) | *Motorrad* |
| mouche (f) | *Fliege* |
| mouillé, -e | *nass* |
| mouton (m) | *Schaf* |
| mur (m) | *Wand* |
| musique (f) | *Musik* |

## N

| | |
|---|---|
| nager | *schwimmen* |
| ne … pas | *nicht* |
| neige (f) | *Schnee* |
| neuf | *neun* |
| nez (m) | *Nase* |
| nid (m) | *Nest* |
| Noël | *Weihnachten* |
| noir, -e | *schwarz* |
| nom (m) | *Name* |
| nombre (m) | *Zahl* |
| non | *nein* |
| nord (m) | *Norden* |
| notre | *unser, unsere* |
| nounours (m) | *Teddybär* |
| nourrir | *füttern* |
| nous | *uns, wir* |
| nouveau, nouvelle | *neu* |
| novembre | *November* |
| nuage (m) | *Wolke* |
| nuit (f) | *Nacht* |

## O

| | |
|---|---|
| octobre | *Oktober* |
| œil (m) | *Auge* |
| œuf (m) | *Ei* |
| offrir | *schenken* |
| oignon (m) | *Zwiebel* |
| oiseau (m) | *Vogel* |
| oncle (m) | *Onkel* |
| onze | *elf* |
| orange | *orange* |
| orange (f) | *Apfelsine* |

| | |
|---|---|
| ordinateur (m) | *Computer* |
| ordures (fpl) | *Müll* |
| oreille (f) | *Ohr* |
| orteil (m) | *Zeh* |
| ou | *oder* |
| où | *wo* |
| oublier | *vergessen* |
| oui | *ja* |
| ours (m) | *Bär* |
| ouvert, -e | *offen* |

## P

| | |
|---|---|
| page (f) | *Seite* |
| pain (m) | *Brot* |
| pantalon (m) | *Hose* |
| papa | *Papa* |
| papi | *Opa* |
| papier (m) | *Papier* |
| papillon (m) | *Schmetterling* |
| Pâques | *Ostern* |
| par | *durch* |
| parapluie (m) | *Regenschirm* |
| parc (m) | *Park* |
| parce que | *weil* |
| Pardon ! | *Entschuldigung!* |
| parents (mpl) | *Eltern* |
| parfois | *manchmal* |
| parler | *sprechen* |
| pauvre | *arm* |
| payer | *bezahlen* |
| pays (m) | *Land* |
| peau (f) | *Haut* |
| pêche (f) | *Pfirsich* |
| peigne (m) | *Kamm* |
| peindre | *malen* |
| penser | *denken* |
| perdre | *verlieren* |
| père (m) | *Vater* |
| petit, -e | *klein* |
| petit-déjeuner (m) | *Frühstück* |
| peur (f) | *Angst* |
| peut-être | *vielleicht* |
| photo (f) | *Foto* |
| piano (m) | *Klavier* |
| pièce (f) | *Zimmer* |
| pied (m) | *Fuß* |
| pinceau (m) | *Pinsel* |
| ping-pong (m) | *Tischtennis* |
| piscine (f) | *Schwimmbad* |
| place (f) | *Platz* |
| plage (f) | *Strand* |

| | |
|---|---|
| plaisir (m) | *Spaß* |
| plat (m) | *Schüssel* |
| plein, -e | *voll* |
| pleurer | *weinen* |
| pleuvoir | *regnen* |
| plonger | *tauchen* |
| pluie (f) | *Regen* |
| plume (f) | *Feder* |
| plus | *mehr* |
| poêle (f) | *Pfanne* |
| poire (f) | *Birne* |
| poisson (m) | *Fisch* |
| poivre (m) | *Pfeffer* |
| poivron (m) | *Paprika* |
| police (f) | *Polizei* |
| pomme (f) | *Apfel* |
| pomme de terre (f) | *Kartoffel* |
| pont (m) | *Brücke* |
| porte (f) | *Tür* |
| porter | *tragen* |
| poser | *legen* |
| poste (f) | *Post* |
| potiron (m) | *Kürbis* |
| poule (f) | *Huhn* |
| poupée (f) | *Puppe* |
| pour | *für* |
| pourquoi | *warum* |
| pouvoir | *können* |
| pré (m) | *Wiese* |
| préférer | *lieber mögen* |
| premier, première | *erster, erste* |
| prendre | *nehmen* |
| printemps (m) | *Frühling* |
| problème (m) | *Problem* |
| proche | *nah* |
| profond, -e | *tief* |
| propre | *sauber* |
| prune (f) | *Pflaume* |
| pull-over (m) | *Pullover* |
| puzzle (m) | *Puzzle* |

## Q

| | |
|---|---|
| quand | *wann* |
| quarante | *vierzig* |
| quatorze | *vierzehn* |
| quatre | *vier* |
| quatre-vingt-dix | *neunzig* |
| quatre-vingts | *achtzig* |
| quelque chose | *etwas* |

| | |
|---|---|
| quelques | *einige* |
| question (f) | *Frage* |
| quinze | *fünfzehn* |

## R

| | |
|---|---|
| raconter | *erzählen* |
| radio (f) | *Radio* |
| rapide | *schnell* |
| recevoir | *bekommen* |
| récréation (f) | *Pause* |
| regarder | *anschauen* |
| regarder la télévision | *fernsehen* |
| règle (f) | *Lineal* |
| reine (f) | *Königin* |
| renard (m) | *Fuchs* |
| réparer | *reparieren* |
| répéter | *wiederholen* |
| réponse (f) | *Antwort* |
| respirer | *atmen* |
| rester | *bleiben* |
| rêve (m) | *Traum* |
| rien | *nichts* |
| rire | *lachen* |
| rivière (f) | *Fluss (klein)* |
| robe (f) | *Kleid* |
| roi (m) | *König* |
| rose (f) | *Rose* |
| rouge | *rot* |
| rouler | *fahren* |
| rue (f) | *Straße* |

## S

| | |
|---|---|
| s'amuser | *Spaß haben* |
| s'appeler | *heißen* |
| s'il vous plaît, s'il te plaît | *bitte* |
| sac (m) | *Tasche* |
| saison (f) | *Jahreszeit* |
| salade (f) | *Salat* |
| sale | *dreckig* |
| salle à manger (f) | *Esszimmer* |
| salle de bains (f) | *Badezimmer* |
| salut | *hallo, tschüs* |
| samedi | *Samstag* |
| sandwich (m) | *Sandwich* |
| sans | *ohne* |
| saucisse (f) | *Würstchen* |
| sauter | *springen* |
| sauvage | *wild* |

| | |
|---|---|
| savoir | *wissen* |
| savon (m) | *Seife* |
| sec, sèche | *trocken* |
| seconde (f) | *Sekunde* |
| seize | *sechzehn* |
| sel (m) | *Salz* |
| semaine (f) | *Woche* |
| sentiment (m) | *Gefühl* |
| sentir | *riechen* |
| sept | *sieben* |
| septembre | *September* |
| serpent (m) | *Schlange* |
| serviette (f) | *Handtuch* |
| seulement | *nur* |
| singe (m) | *Affe* |
| six | *sechs* |
| slip (m) | *Unterhose* |
| sœur (f) | *Schwester* |
| soir (m) | *Abend* |
| soixante | *sechzig* |
| soixante-dix | *siebzig* |
| sol (m) | *Boden* |
| soleil (m) | *Sonne* |
| sombre | *dunkel* |
| sonner | *klingeln* |
| sortie (f) | *Ausgang* |
| souhaiter | *wünschen* |
| soupe (f) | *Suppe* |
| souris (f) | *Maus* |
| sous | *unter* |
| souvent | *oft* |
| sport (m) | *Sport* |
| stylo (m) | *Stift* |
| stylo-plume (m) | *Füller* |
| sucre (m) | *Zucker* |
| sucré, -e | *süß (zuckrig)* |
| sucrerie (f) | *Süßigkeit* |
| suivre | *folgen* |
| supermarché (m) | *Supermarkt* |
| sur | *auf* |
| sweat-shirt (m) | *Sweatshirt* |

## T

| | |
|---|---|
| ta | *deine* |
| table (f) | *Tisch* |
| tableau (m) | *Tafel* |
| taille-crayon (m) | *Spitzer* |
| tambour (m) | *Trommel* |
| tante (f) | *Tante* |
| tard | *spät* |

| | |
|---|---|
| tasse (f) | *Tasse* |
| taxi (m) | *Taxi* |
| tee-shirt (m) | *T-Shirt* |
| téléphone (m) | *Telefon* |
| tempête (f) | *Sturm* |
| temps (m) | *Wetter, Zeit* |
| tenir | *halten* |
| tennis (m) | *Tennis* |
| tente (f) | *Zelt* |
| terre (f) | *Erde (Boden)* |
| tête (f) | *Kopf* |
| thé (m) | *Tee* |
| ticket (m) | *Fahrkarte* |
| tigre (m) | *Tiger* |
| timbre (m) | *Briefmarke* |
| tirer | *ziehen* |
| toboggan (m) | *Rutsche* |
| toilettes (fpl) | *Toilette* |
| toit (m) | *Dach* |
| tomate (f) | *Tomate* |
| tomber | *fallen* |
| ton | *dein* |
| tortue (f) | *Schildkröte* |
| tôt | *früh* |
| toujours | *immer* |
| tourner | *drehen* |
| tous, toutes | *alle* |
| tout droit | *geradeaus* |
| tracteur (m) | *Traktor* |
| train (m) | *Zug* |
| tramway (m) | *Straßenbahn* |
| travail (m) | *Arbeit* |
| travailler | *arbeiten* |
| treize | *dreizehn* |
| trente | *dreißig* |
| très | *sehr* |
| triste | *traurig* |
| trois | *drei* |
| trousse (f) | *Mäppchen* |
| trouver | *finden* |
| tu | *du* |
| tunnel (m) | *Tunnel* |

## U

| | |
|---|---|
| un | *eins* |
| un, une | *ein, eine* |
| utiliser | *benutzen* |

## V

| | |
|---|---|
| vacances (fpl) | *Ferien, Urlaub* |
| vache (f) | *Kuh* |

| | |
|---|---|
| valise (f) | *Koffer* |
| vallée (f) | *Tal* |
| vélo (m) | *Fahrrad* |
| vendre | *verkaufen* |
| vendredi | *Freitag* |
| venir | *kommen* |
| vent (m) | *Wind* |
| ventre (m) | *Bauch* |
| verre (m) | *Glas* |
| vert, -e | *grün* |
| veste (f) | *Jacke* |
| vêtements (mpl) | *Kleidung* |
| viande (f) | *Fleisch* |
| vide | *leer* |
| vieux, vieille | *alt* |
| village (m) | *Dorf* |
| ville (f) | *Stadt* |
| vingt | *zwanzig* |
| visage (m) | *Gesicht* |
| visiter | *besichtigen* |
| vite | *schnell* |
| vivre | *leben* |
| voilà | *da ist* |
| voir | *sehen* |
| voiture (f) | *Auto* |
| vol (m) | *Flug* |
| voler | *fliegen, stehlen* |
| votre | *euer, eure* |
| vouloir | *wollen* |
| vous | *ihr (Mehrzahl)* |
| voyager | *reisen* |
| vrai, -e | *richtig* |

## W

| | |
|---|---|
| week-end (m) | *Wochenende* |

## Y

| | |
|---|---|
| yaourt (m) | *Joghurt* |
| yeux (mpl) | *Augen* |

## Z

| | |
|---|---|
| zéro | *Null* |

# Kleine Grammatik

## Nomen (Namenwörter)

*Nomen* sind Namen für

- Gegenstände: Hut, Auto, Haus ...
- Personen: Lukas, Oma, Lehrer ...
- Tiere: Kuh, Hund, Katze ...
- Pflanzen: Gras, Rose, Birke ...
- Gefühle und Gedanken: Liebe, Glück ...

Fast alle Nomen besitzen einen *Artikel* (der, die, das).

der Baum

Die meisten Nomen gibt es in der *Einzahl* (Singular) und in der *Mehrzahl (Plural)*.

ein Kind
viele Kinder

Nomen werden am Wortanfang *großgeschrieben*.

Fast alle Nomen kann man mit der *Nomenprobe* finden.
Bei der Nomenprobe wird überprüft, ob es das Wort in der Einzahl und der Mehrzahl gibt.

das Haus
viele Häuser

die Rose
viele Rosen

der Traum
viele Träume

## Verben (Tunwörter)

*Verben* geben an,
was jemand tut oder
was geschieht.

spielen, lesen,
duften, schrumpfen

Verben *verändern* sich,
wenn sie in unterschiedlichen
*Zeitformen* stehen.

ich male
ich malte
ich habe gemalt

Verben *verändern* sich auch,
wenn ihnen unterschiedliche
*Pronomen* (Fürwörter) vorausgehen.

ich male
du malst
er malt
wir malen
ihr malt
sie malen

Verben werden in der *Grundform* angegeben.
Die Grundform erkennt man an der Endung -en.

Verben kann man mit der *Verbprobe* finden.
Bei der Verbprobe wird überprüft, ob sich das Wort in die Vergangenheitsform setzen lässt.

ich spiele
ich spielte

sie läuft
sie lief

er lacht
er lachte

## Adjektive (Wiewörter)

*Adjektive* geben an, wie etwas sein kann.

alt, dunkel, eng, flüssig, glatt, glücklich, groß, grün, heiß, kalt, leicht, neu, offen, rund, still, süß, wild ...

Die meisten Adjektive lassen sich *steigern*.

| | | |
|---|---|---|
| bunt | bunter | am buntesten |

Adjektive können *zwischen* einem *Artikel* und einem *Nomen* stehen.

| Artikel | Adjektiv | Nomen |
|---|---|---|
| das | große | Haus |
| die | schöne | Maus |

Fast alle Adjektive kann man mit der *Adjektivprobe* finden.
Bei der Adjektivprobe wird überprüft, ob sich das Wort steigern lässt.

| | | |
|---|---|---|
| klein | kleiner | am kleinsten |

KNOCHEN